Daniela Schreiter

Schattenspringer

Bereits von Daniela Schreiter erschienen:

Schattenspringer
Wie es ist, anders zu sein · 978-3-86201-950-2
Schattenspringer²
Per Anhalter durch die Pubertät · 978-3-95798-308-4
Schattenspringer 3
Spektralfarben · 978-3-7416-0637-3

Fabulöse Fakten
978-3-7416-2437-7

Herzlichen Glückwunsch, es ist Autismus!
Selfcare-Tipps und mehr für neurodivergente Menschen
978-3-7416-4218-0

Die Abenteuer von Autistic-Hero-Girl
978-3-8332-3540-5

Lisa und Lio
Das Mädchen und der Alien-Fuchs
Band 1: 978-3-7416-1823-9
Band 2: 978-3-7416-3088-0

IMPRESSUM
14. überarbeitete Auflage: Januar 2026 · ISBN 978-3-86201-950-2
Digitale Ausgabe:
ISBN 978-3-95783-479-9 (.pdf) · ISBN 978-3-95783-477-5 (.epub) · ISBN 978-3-95783-478-2 (.mobi)

Die deutsche Ausgabe von SCHATTENSPRINGER, Band 1 wird von der Panini Verlags GmbH herausgegeben, Schloßstr. 76, 70176 Stuttgart. Geschäftsleiter: Hermann Paul, Marketing: Holger Wiest, Dr. Rebecca Haar, Chefredaktion: Jo Löffler, Redaktion: Steffen Volkmer, Mareike Helgert, Dr. Rebecca Haar, PR/Presse: Steffen Volkmer, Gestaltung: mediativo, Jochen Volkmer (www.mediativo.de), gedruckt in Slowenien.
Idee, Text und Zeichnungen von Daniela Schreiter.

www.paninicomics.de
www.mycomics.de

Idee, Text und Zeichnungen

Daniela Schreiter

Mit besonderem Dank an
Benjamin Falk

www.fuchskind.de

Über Daniela Schreiter

Daniela wurde im wilden Berlin der 1980er Jahre geboren und erforscht seit jeher mit Stift und Papier die Welt um sich herum. Mit vier Jahren zeichnete sie ihren ersten Comic und ist seit dem Studium als Illustratorin und Comic-Zeichnerin tätig. Das Seepferdchen hat sie übrigens auch.

Daniela ist Autistin. Seit ihrer Diagnose wollte sie einen Comic darüber zeichnen, wie es ist, mit dieser etwas anderen Sicht auf die Welt und deren Wahrnehmung zu leben, zu sehen und zu fühlen. Worte allein haben dafür einfach nie ausgereicht. In ihrem Debüt „Schattenspringer" zeichnet sie ihre Kindheit bis zum Erwachsenenalter auf und welche Hürden es dabei zu meistern gilt, von denen Nicht-Austist*innen nicht einmal ahnen, dass sie überhaupt existieren.

Mehr zu und von Daniela Schreiter gibt es auf ihrer Webseite *www.fuchskind.de*.

Einleitung

von Benjamin Falk

Wenn Sie vor zehn Jahren hätten herausfinden wollen, was Autismus ist, wären Sie in eine Bibliothek gegangen oder hätten es gegoogelt, sofern Sie damals schon einen Rechner gehabt hätten. Das Ergebnis wäre in beiden Fällen in etwa das Gleiche gewesen. Sie hätten eine fachlich sehr korrekte Definition davon erhalten, was Autismus ist, aber vermutlich immer noch keine Ahnung, was es nun bedeutet, Autist zu sein.

Das hat sich inzwischen geändert. Mittlerweile beginnen die Menschen zu begreifen, dass es auch Autisten gibt, die sich mitteilen können. Und sie teilen sich mit. In Büchern, Blogs und jetzt auch in Comics. Wichtig für den Leser ist dabei jedoch immer, dass jeder Autist nur seine eigenen Erfahrungen schildern kann, denn Autismus gibt es in sehr vielen unterschiedlichen Formen und Abstufungen. Trotz vieler Gemeinsamkeiten, gibt es auch viele Unterschiede zwischen den Autisten. Was alle Autisten gemeinsam haben, ist, dass die Schwierigkeiten im Großen und Ganzen zwei Bereiche betreffen.

Der erste Bereich ist das Soziale. Hier kommt es zu Schwierigkeiten beim Verstehen von nonverbalen Signalen und Redewendungen. Außerdem fehlt ihnen das intuitive Verständnis für die vielen ungeschriebenen zwischenmenschlichen Regeln. Der zweite Bereich ist die Reizwahrnehmung. Nicht-autistische Menschen sehen viel mehr Dinge, als sie dann bewusst wahrnehmen. Das liegt daran, dass das Gehirn alle aufgenommenen Reize danach filtert, ob sie wichtig oder unwichtig sind. Bei Autisten arbeitet dieser Filter nicht richtig. Sie nehmen diese Informationen zum Großteil ungefiltert wahr und müssen sich bewusst darauf konzentrieren, was für sie in dem Moment wichtig ist.

Diese beiden Bereiche bringen viele andere Probleme mit sich, die sich aber von Person zu Person unterscheiden. Wie das aussehen kann, können Sie nun selbst lesen.

Benjamin Falk ist Autist und bloggt und podcastet unter *www.realitaetsfilter.com* zu Autismus.

Vorwort

von Daniela Schreiter

„Wie, du bist Autistin? Du wirkst ja gar nicht so."

Viele Menschen, denen ich von meinem Autismus erzählte, waren am Anfang sehr überrascht. Sie verbanden mit dem Begriff in erster Linie bestimmte Filmfiguren, hochbegabte, aber sozial eingeschränkte Menschen oder das Klischee vom schaukelnden Kind, das nicht berührt werden möchte.

Zugleich gab es aber auch eine starke Berührungsangst vor diesem Thema, die vor allem auf Fehlinformationen beruhte. Also versuchte ich, ihnen meinen Autismus zu beschreiben. Das war gar nicht so leicht, denn meist reichten mir Worte allein einfach nicht aus, um die vielen verschiedenen Aspekte des Spektrums zu erklären. Statt abstrakt „ein Referat" zu dem Thema zu halten, dachte ich: Warum zeichne ich es nicht auf? So werden die meisten Situationen doch viel deutlicher – und hey, wenn es dabei auch noch ab und zu witzig ist, nehme ich den Leser*innen gleichzeitig die Berührungsangst. Humor überspringt mit Leichtigkeit jede Hemmschwelle.

Als ich die ersten Seiten von „Schattenspringer" auf meiner Homepage veröffentlichte, bekam ich viele Mails von Autist*innen, die ähnliche Erfahrungen gemacht haben oder mir von ihren „Mir geht's genauso"-Erlebnissen berichteten. Viele von ihnen zeigten auch ihren Verwandten und nicht autistischen Freund*innen den Comic, um zu erklären, wie es ihnen in diesen oder jenen Situationen geht und warum sie anscheinend völlig anders reagieren, als man es von ihnen erwartet.

Ich bekam aber auch viele Reaktionen von Nicht-Autist*innen und Angehörigen von Autist*innen, die durch den Comic zum ersten Mal näher an das Thema herangeführt wurden oder nun nachempfinden konnten, wie für Autist*innen die Welt um sie herum funktioniert.

Comics haben einen großen Vorteil: Sie bieten den Leser*innen einen leichten und sofortigen Zugang zu Themen, mit denen sie sich vielleicht sonst nicht beschäftigt hätten. Viele Situationen lassen sich durch die Zuhilfenahme von Bildern auch plastischer darstellen. Bilder sind direkter und offener, gleichzeitig aber auch viel intimer. Die Leser*innen identifizieren sich schneller mit den Figuren und versetzen sich so in die dargestellten Situationen, sie können sie nun auf einmal viel besser nachvollziehen.

Natürlich hat das Medium Comic auch einen Nachteil: Ich habe bei Weitem nicht so viel Platz für Ausführungen zur Verfügung, wie ich es bei einem reinen Schriftdokument hätte. Ich muss also kürzen, manchmal ein bisschen zuspitzen und das Timing bei Bildfolge, Erklärungen und Pointen beachten. Daher kann ich nicht jedes Thema in der Tiefe beleuchten, wie ich es manchmal gerne würde, um den Rahmen nicht zu sprengen und dabei die Leser*innen zu erschlagen.

Jede Person im Autismusspektrum ist einzigartg und nimmt die Welt auf seine oder ihre spezielle Art wahr. Das bezieht sich auf Einschränkungen genauso wie auf positive Eigenschaften, die durch das autistische Spektrum resultieren. Die eine Person kann starke Wärme oder Kälte nicht ertragen, eine andere reagiert sehr stark auf taktile oder olfaktorische Reize, wieder jemand anderes kann bestimmte akustische Reize nicht aushalten oder es kommt alles zusammen oder andere Dinge spielen wieder eine wichtige Rolle.

Es gibt nicht DEN Autisten. Die eine beschäftigt sich vielleicht besonders gern mit Naturwissenschaften, ein anderer arbeitet am liebsten mit Tieren, die nächste Person mag Programmiersprachen, macht Kunst, sammelt Knöpfe, lernt gerne neue Lieder auf dem Lieblingsinstrument oder, oder, oder ...

In diesem Comic beschreibe ich die Welt, wie ICH sie als Autistin erlebe. Andere können ähnliche Erfahrungen wie ich gemacht haben, dies muss aber nicht so sein. Jeder Lebenslauf ist einzigartig, genau wie bei nicht autistischen Menschen auch. Bitte behaltet dies im Hinterkopf, wenn ihr den Comic lest.

Und nun wünsche ich euch viel Spaß beim Lesen und Entdecken!

Berlin im November 2013

Menschen im autistischen Spektrum haben öfter das Gefühl, auf dem falschen Planeten gelandet zu sein. Die innerhalb des Spektrums bislang als Asperger-Autismus bezeichnete Ausprägung wurde deswegen zum Beispiel auch Wrong-Planet-Syndrome genannt. Das trifft es recht gut. Meistens komme ich mir tatsächlich wie ein extraterrestrischer Besucher vor, der in einer Trial-and-Error-Versuchsreihe probiert, auf menschliche Verhaltensweisen zu reagieren.

Beim Smalltalk...

Und dann sagte er... Blabla... Kannst du dir das vorstellen? Und sie darauf... Blabla...

Bei den komplexen Zahlen gilt z.B. a+ib, wobei a und b reelle Zahlen sind, während ...

Zum Beispiel wenn ich alleine zu Hause meinen Lieblingsbeschäftigungen nachgehe oder mich mit Menschen vom gleichen Planeten unterhalte...
KRITZEL KRITZEL

JAAAAA, REPLAY!
...und manchmal sogar an Orten, die man gar nicht vermuten würde.
ATTACK from MARS

Solche Momente sind allerdings eher selten.
PIEEEEP
PIEEEEP
PIEEEEEP
6 45

Gewohnte Rituale läuten den Tag ein.

Am liebsten esse ich jeden Tag das Gleiche zum Frühstück.
Soja

SCHRUBB SCHRUBS

Jeder gewohnte Reiz gibt mir ein wenig Sicherheit für den Tag.

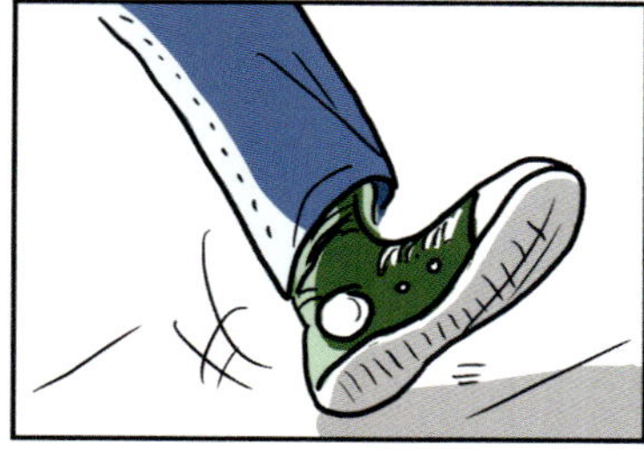

Und sobald ich aus der Haustür trete...
FLUPP

...fange ich an.

Daniela Schreiter

Schattenspringer

1. Kapitel
Gelandet
ALKOHOL UND KOKAIN BRAUCHT DER MENSCH IN WEST-BERLIN!
BIRNE WIRD KAISER
WÄÄÄÄH!

1982 kam ich auf
die Welt...

VROOOM
Bleep
Bleep

…und landete am Rande West-Berlins.
Grrrrr.
Selber Grrr.
WEST
OST
Ich war das schwerste Neugeborene der gesamten Entbindungsstation.
Und hatte schon von Geburt an unglaublich viele Locken auf dem Schädel!
Rundherum ein völlig normales Baby. Doch bald zeigte ich kleine „Besonderheiten".
Dada.
ALF

Laufen lernen war eine Sache für sich. Als ich es endlich konnte, sah ich dermaßen merkwürdig dabei aus, dass es entweder zur allgemeinen Erheiterung beitrug oder den Betrachtern ernsthafte Sorgen bereitete. Mein Gang war eine Art Kreuzung aus Wackeln und Watscheln und mir fiel es schwer, den Schrittrhythmus zu treffen, sodass es meist nicht wie eine natürliche Bewegung aussah (z.T. ist das in schwacher Form noch heute so, auch wenn mein Gang längst nicht mehr so komisch aussieht wie zu meiner Kindheit).

Mami, zeigst du mir noch mal, wie man eine Schleife bindet?
Das hab ich dir doch schon 1000 Mal gezeigt!
Also nahm ich mir einen schon fertig gebundenen Schuh...
...löste ganz langsam die Schleife und beobachtete genau, wie sich die Schnürsenkel verhielten.
Ich analysierte die Schleifenkonstruktion und verstand auf einmal, wie sie zusammenhielt. Mit dem Wissen konnte ich sie dann selbst binden.
Juhuuu!
I did it my way, yeah!
Diese Vorgehensweise war aber leider nicht auf alle anderen motorischen Hindernisse übertragbar. Überall, wo Gleichgewicht gefragt war, versagte ich kläglich. Selbst mit Stützrädern fiel ich andauernd um. Rollschuhe, Schlittschuhe, Roller, Skateboard... Alles nichts für mich.
Von wem hat sie das? Ich war als Kind immer eine Sportskanone.
Frag mich nicht.

Diese etwas lästige Ungeschicklichkeit war aber im Endeffekt nicht so schlimm. Viel nerviger war ein anderer Punkt, der mich bis heute am meisten beeinträchtigt und den Nicht-Autisten kaum nachvollziehen können: Die Reizüberempfindlichkeit.

Bei vielen Autisten ist das sensorische System so gestört, dass selbst ganz profane Reize unerträglich werden. Die Reize lösen ein wahres Feuerwerk im Gehirn aus. Manche Reize sind oft schmerzhafter als andere und können jeder Natur sein, zum Beispiel taktil, akustisch, visuell etc.

Problem: Kleidung

Gehirn ist schnell überfordert

Je weiter die Kleidung, desto besser. Enge Kleidung bedeutet stärkere Reize auf der Haut

Als ob zwischen Haut und Kleidung viele kleine Ameisen leben würden, die bei jeder Bewegung aufgeregter werden

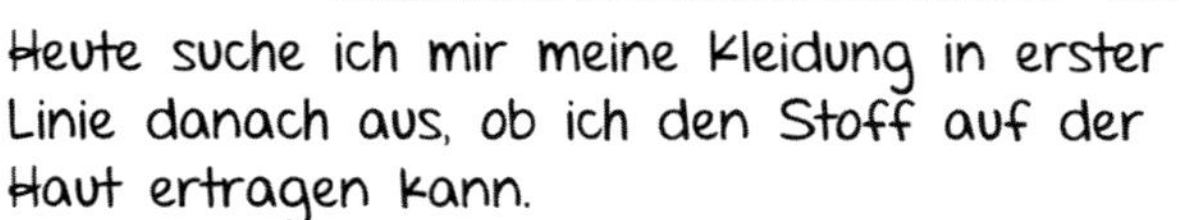

Wenn es dann doch mal dazu kommt, dass ich unbequeme Kleidung tragen muss, kann ich den erlösenden Moment gar nicht erwarten.

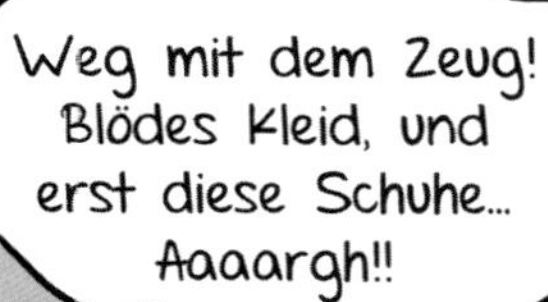

Mein Kopf ist sogar noch empfindlicher als der Rest des Körpers.
Süßes Kind!
Ah!
Kopfstreichel-Attacke!
Abwehrmodus einschalten
Jetzt stell dich doch nicht so an!
Haare schneiden wurde zur Tortur und oft weinte und schrie ich dabei.
Wasser aus dem Duschkopf direkt auf den Kopf ist überhaupt nicht auszuhalten.
Wie sah es überhaupt mit Berührungen aus?
Körperlicher Kontakt mit Menschen war mir unangenehm, nur meine Mutter durfte mich berühren.
Bei Tieren war es zum Glück viel einfacher und nicht so reizüberflutend.
Schnurr
Mauu

Hund und Katz wurden meine ständigen Begleiter und kompensierten ein wenig die kindlichen Spielgefährten. Zu anderen Kindern gelang mir einfach kein Kontakt – und wenn doch mal welche da waren, nervten sie mich schnell mit ihren raschen und unberechenbaren Bewegungen und ihrer unglaublichen Lautstärke.

Wundersamerweise merkten Tiere im Gegensatz zu Menschen auch recht schnell, wenn ich genug von taktilen Reizen hatte. Ein unsagbarer Vorteil.

Als ob sich Menschen und Geräusche gegenseitig mit der Lautstärke übertreffen wollen, um genug Aufmerksamkeit zu bekommen.

Am liebsten hätte ich die ganze Zeit einen Gehörschutz getragen.

Oft ist es so laut, dass es schmerzhaft ist.

Aber das hätte mit meiner taktilen Überempfindlichkeit, gerade am Kopf, kollidiert.

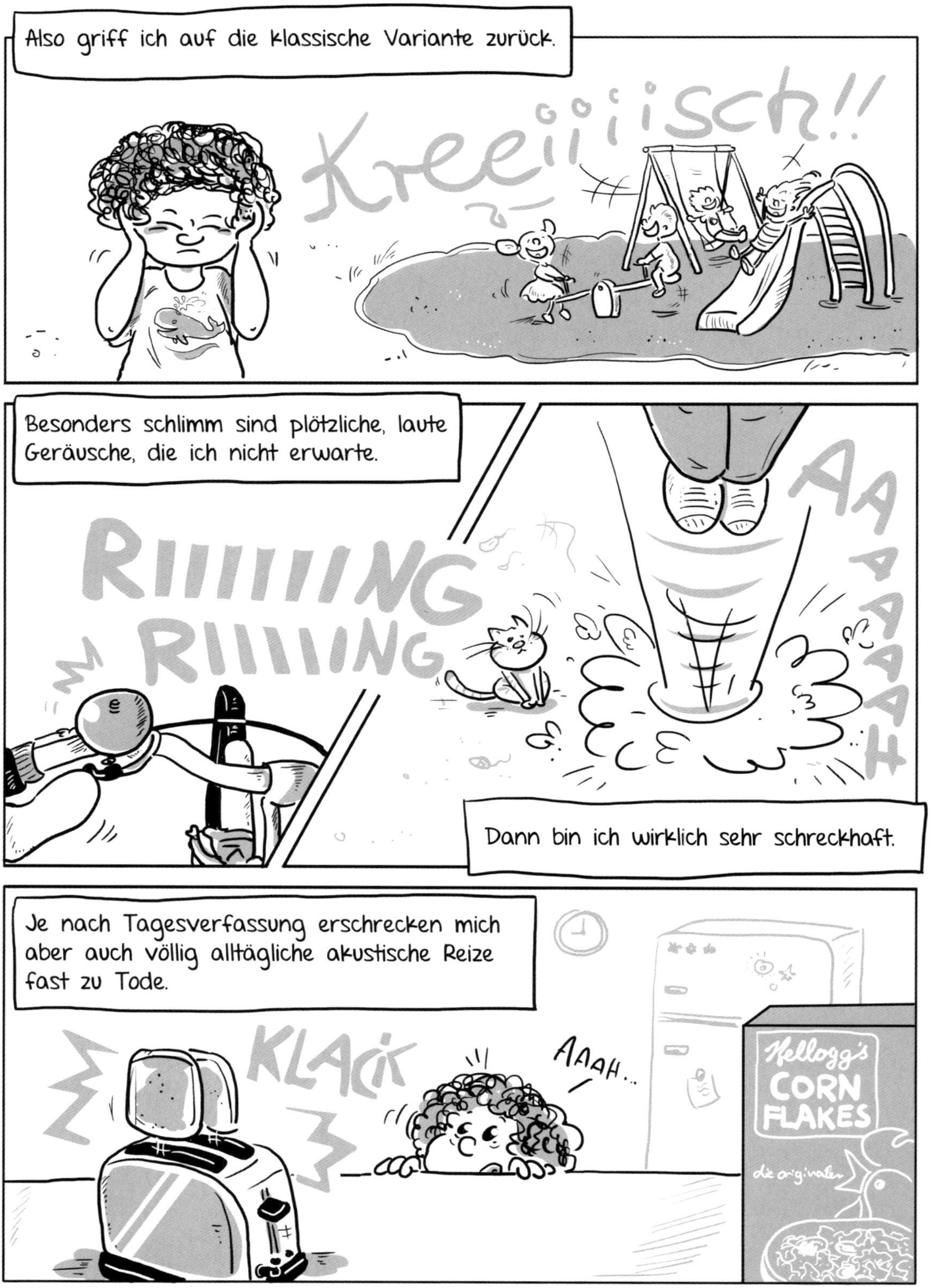

Besonders schlimm sind plötzliche, laute Geräusche, die ich nicht erwarte.

RIIIIIING
RIIIIING
AAAAAAAH

Dann bin ich wirklich sehr schreckhaft.

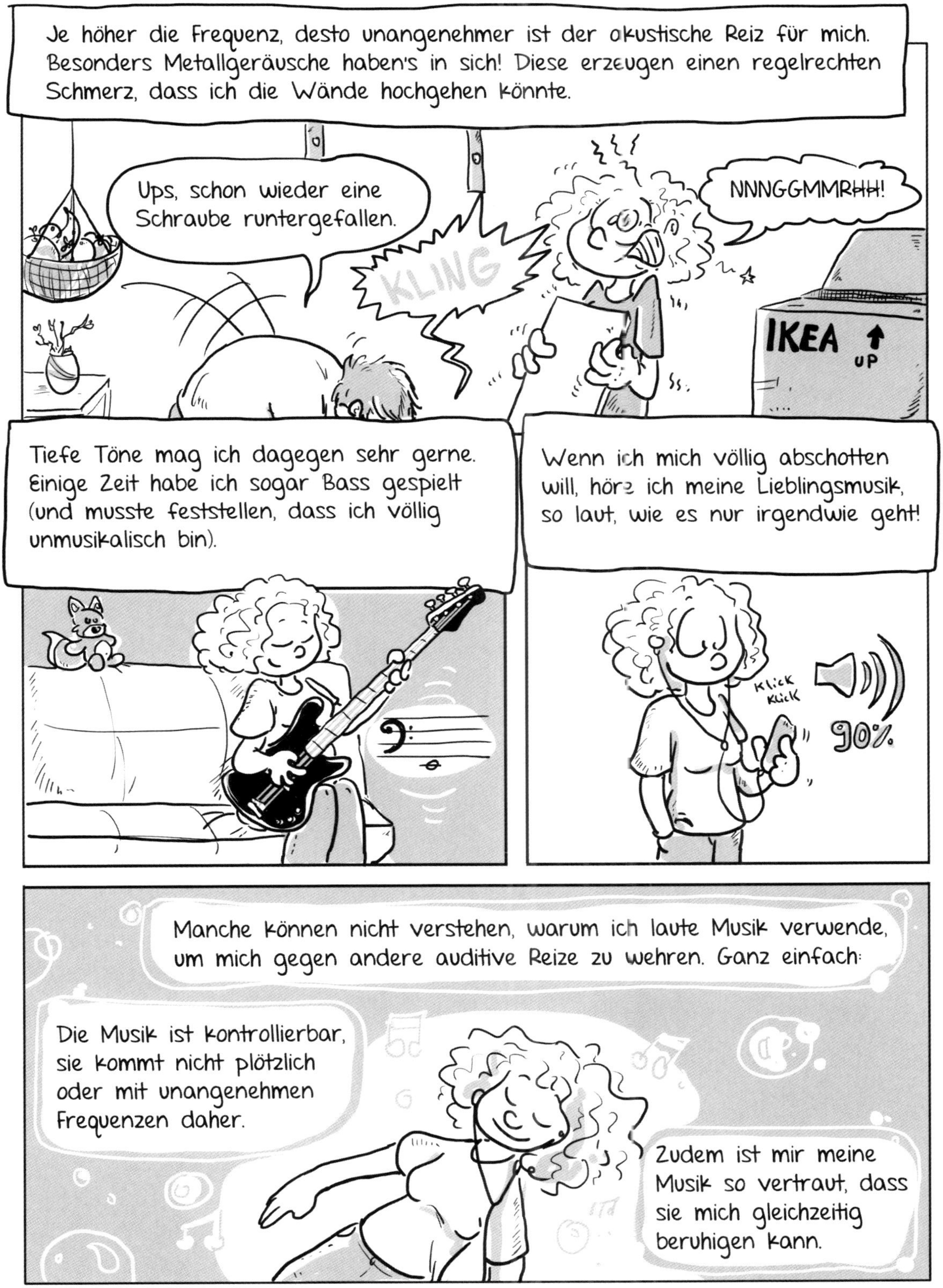

Je höher die Frequenz, desto unangenehmer ist der akustische Reiz für mich. Besonders Metallgeräusche haben's in sich! Diese erzeugen einen regelrechten Schmerz, dass ich die Wände hochgehen könnte.

Ups, schon wieder eine Schraube runtergefallen.

KLING

NNNGGMMRHH!

IKEA UP

Tiefe Töne mag ich dagegen sehr gerne. Einige Zeit habe ich sogar Bass gespielt (und musste feststellen, dass ich völlig unmusikalisch bin).

Wenn ich mich völlig abschotten will, höre ich meine Lieblingsmusik, so laut, wie es nur irgendwie geht!

Klick Klick

90%

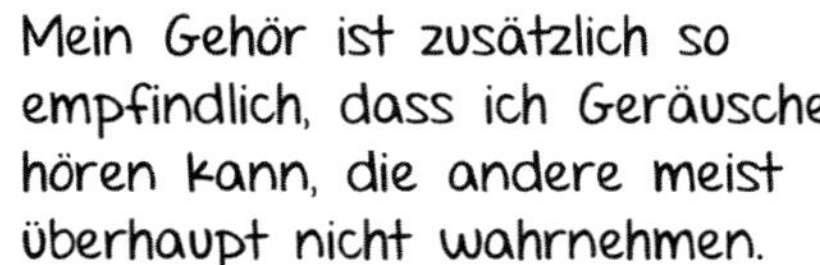

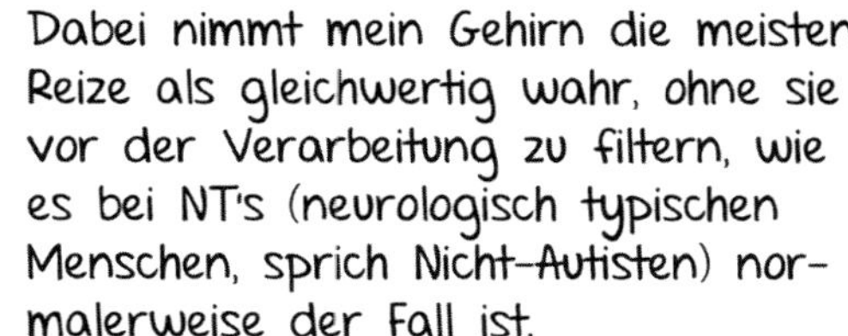

Problematisch wird das Ganze, wenn ich z.B. in einem Raum bin, in dem viele akustische Reize zusammenkommen, ich mich aber auf einen ganz bestimmten Geräuschversender (z.B. Gesprächspartner) konzentrieren muss. Alle Töne vermischen sich zu einem Klangteppich und es ist mir fast unmöglich, einzelne Informationen herauszufischen und gleichzeitig noch etwas Sinnvolles zum Gespräch beizutragen.

Ich versuche zwar, meine Gesprächspartner darauf aufmerksam zu machen...
Du, ich kann dich schlecht verstehen, kannst du deutlicher und mehr in meine Richtung sprechen?
Kein Problem!
Danke, hier drin herrscht ein solches Tongewusel, ich versteh' kein...
ICH SAGTE, DASS ...
TILT!
Alles in Ordnung?
...leider denken dann aber eirige, ich wäre schwerhörig... Worst Case!

Visuell
Ich war noch nie ein „Sonnenkind". Starken Sonnenschein empfinde ich als viel zu grell und meist kann ich meine Umgebung gar nicht mehr richtig erkennen.
Uff...
Vom hellen Licht schmerzen meine Augen recht schnell und selbst bei bedecktem Himmel kann das Licht noch so intensiv sein, dass ich eine Sonnenbrille brauche.
Daher hatte ich schon als Kind eine kunterbunte Sonnenbrillensammlung.
Lange konnte ich sie aber leider nie tragen, es drückte zu sehr am Kopf.
Also spielte ich am liebsten (allein) in meinem abgedunkelten Kinderzimmer.

Die Nacht hingegen mochte ich sehr. Den ganz bestimmten Geruch, die Ruhe, das Leuchten der Häuser, die Sterne...
Ganz besonders die Sterne.

Olfaktorisch & gustatorisch
Einen gesteigerten Geruchs- und Geschmackssinn gabs auch noch gratis dazu.
Mami, der Quark riecht komisch, ich glaube, der ist nicht mehr gut.
Ach Quatsch, der riecht doch völlig normal!
Am nächsten Tag:
Bäh, der Quark ist schlecht geworden.
Nicht immer zur Freude meiner Umgebung.
Be rational!
Get real!
Blährk, das schmeckt total nach Schimmel!
PIZZA

Manche Läden sind wirklich nur schwer zu ertragen.
Luft anhalt
SOAP
PARFUM
BADEKUGELN

Manchmal schmecke und rieche ich auch Dinge, die auf andere ein wenig absurd wirken.
Mhmm, der Kaffee schmeckt nach Feuerwerk!

22 03
Aaah, das riecht nach Tuschkasten...
X-MEN

Temperaturen
Niedrige Temperaturen machten mir als Kind gar nichts aus. Ich fror quasi nie und spürte die Kälte kaum.
Ich konnte bei Schnee und Eis problemlos mit T-Shirt rausgehen.
Meine Mutter sah das aber ganz anders.
Wäääh, das kratzt total! Brauch ich doch gar nicht!
Heute liebe ich noch immer den Winter und die kühlen Temperaturen...
BRRRRR
...aber ich bin längst nicht mehr so unempfindlich wie als Kind damals.

Hitze hingegen war die reinste Pest!
Du bist einfach nur doof!
Herrlich, oder?
Wimmer
BEACH BAR
Verzeihung, IST die reinste Pest.
Ich kann mit höheren Temperaturen überhaupt nicht umgehen und fühle mich schlichtweg unwohl.
AAAAH.
Daher rette ich mich im Sommer am liebsten in klimatisierte und dunkle Etablissements.

Die meisten Menschen scheinen Sonnenanbeter zu sein und den Sommer in allen Zügen zu genießen. Doch statt einem gut gelaunten „Sunnygirl"...
Strandbar? Klar, da bin ich dabei, wollen wir danach noch schwimmen gehen?
Sonnenstrahlen doof
Schwitzen doof
Klebende Klamotten doof
...mutiere ich im Sommer eher zu so etwas.
SMS-Piep
Strandbar? Nur über meine Leiche. Ich nehm jetzt lieber eine kalte Dusche.
Hinzu kommt, dass ich im Sommer zu stärkeren Reizüberflutungen neige, da die Reize noch intensiver, vielfältiger und leider auch unausweichlicher sind.

Auch heißes Essen bereitete mir Schwierigkeiten. Ich hatte ständig das Gefühl, mich zu verbrennen.
Das ist zu heiß…
Spinn doch nicht rum, das kann man essen.
Schmeckt es dir etwa wieder nicht?
Das kann ich nicht beurteilen, solange ich es nicht kosten kann!
Mein Einwand stieß nicht gerade auf Verständnis.
Also suchte ich nach Lösungsmöglichkeiten.
Spiel nicht mit dem Essen!
Inzwischen kann ich heißes Essen vertragen, aber noch immer mag ich kalte bzw. lauwarme Nahrung exorbitant gerne.
Mampf
GEMÜSE RAVIOLI
Dafür bin ich immer noch sehr empfindlich, was heiße Reize auf der Haut betrifft.
Die Eier sind fertig!
EIHOT
Ich kümmer mich drum!

Irgendwie passte ich einfach nicht in diese Welt, sosehr ich mich auch bemühte. Scheinbar normale Dinge fielen mir unglaublich schwer und es gab keinen Menschen, mit dem ich mich identifizieren oder der mich nachvollziehen konnte. Autismus-Diagnosen waren damals – besonders bei Mädchen – noch nicht üblich und die Forschung steckte noch in den Kinderschuhen. Also blieb ich einfach nur ein schwieriges und merkwürdiges Kind, für dessen Verhalten es schlicht keine Erklärung gab. Ich suchte den Fehler bei mir und hielt mich für „kaputt".
Mein Anderssein wurde mir aber erst richtig bewusst, als ich in die Schule kam.

2. Kapitel
Schulbeginn

Mit fünf Jahren begann für mich der Ernst des Lebens.
HAPPY
Ich kam in die Vorschule. Trotz der schrecklichen Kleidung freute ich mich riesig.
Kleid aus einem Stoff der für mich sehr unangenehm war
unbequeme Schuhe, in denen ich kaum laufen konnte

Aber nun war ich das erste Mal für längere Zeit mit anderen Kindern zusammen. Eine völlig ungewohnte Situation, da ich vorher keinen Kindergarten besuchte.
Es war unheimlich.
ABCDE
01234
Simon
Anna
Marco
Daniela
Ich war mit den neuen Eindrücken komplett überfordert und wollte mich in den Pausen am liebsten im Klassenzimmer verkriechen, was die Lehrer aber zu verhindern wussten.
Auf dem Pausenhof versuchte ich so gut wie möglich zu „überleben" und mich nicht von den Reizen überwältigen zu lassen. Das Klingeln zur nächsten Stunde wurde zur Erlösung.
Sehr plastisch blieb mir ein Erlebnis in Erinnerung, wie ich versuchte, einen Kontakt im Sandkasten herzustellen.
Ich war vollkommen ratlos und wusste nicht, wie man sozial interagiert.

Der „Unterricht" in der Vorschule bestand aus einer Beschäftigungsmaßnahme, die fast ausschließlich Malen und Basteln beinhaltete.

Stundenlang mussten wir Obst und andere Motive ausmalen. Ich langweilte mich, war aber gleichzeitig froh, wenn ich nicht auf den lauten und unberechenbaren Pausenhof musste und einfach nur für mich allein arbeiten durfte.

Die ganze Klasse hatte vor unserem Vorschullehrer riesige Angst. Er neigte zu agressiven Wutanfällen und schrie oft herum. Sehr oft.

WAS MACHST DU DENN DA !?!
Ich hatte nur 3 verschiedene Farbstifte dabei: rot, gelb und blau. Also malte ich nur die Bananen, Äpfel und Kirschen aus.
Wir sollten aber natürlich ALLES ausmalen.
Andere Kinder um ihre Hilfe zu bitten und nach Stiften zu fragen, kam mir überhaupt nicht in den Sinn.
Seitdem habe ich ein „kleines" Stiftetrauma.
STIFTE! Ich brauch Stifte!!!!
Eine Situation, die mir zwei Jahrzehnte später im ADOS-Test* wiederbegegnen sollte.
* ADOS: Test zur Erfassung autistischer Störungen
Aufgrund mangelnder sozialer Fähigkeiten und meiner „anderen" Art der Problemlösung hielt mich mein Vorschullehrer nicht reif genug für die 1. Klasse.
Meine Mutter sah das aber zum Glück anders und so bekam ich doch noch ein schulisches Level-up.
Froh, der Vorschule entflohen zu sein, war meine Vorfreude bei der Einschulung trotzdem eher verhaltener Natur.

Neben dem üblichen Chaos und den vielen Reizen bei der Einschulung gab es eine positive Überraschung:
Statt einem cholerischen Lehrer bekamen wir nun eine nette und völlig gelassene Klassenlehrerin.
ABCDEFG

Mit den anderen Kindern hatte ich aber nach wie vor Probleme.
Das hier ist meine Seite des Tisches und da verläuft die Grenze...
Bin ich jetzt auf der Ost- oder Westseite?

In den Pausen hielt ich mich so weit wie möglich abseits und analysierte die Verhaltensweisen um mich herum.

Oft offenbarte sich mir aber kein logischer Zusammenhang von Sinn und Zweck.
Sehen wir uns später?
Ja, klar!
Klar!
Freu mich, bis dann!
Ich mich auch!
Ist die nervig!
Kaum zum Aushalten!
Faszinierenderweise kann ich manche Beobachtungen von damals auch noch heute entdecken.
Bis morgen!
Machs gut!
Was für 'ne doofe Nuss!
Hast du das Kleid gesehen? Irks!
Und sie machen genauso wenig Sinn wie früher.
Es gab mehr Gründe, lieber für sich allein zu bleiben, statt mit anderen Kindern zu spielen.

Wenn ich dann doch mal mitspielte, mochte ich meistens die Spielart nicht. So hatte ich zum Beispiel gar keinen Bezug zu Puppen.
Jedes Spielzeug, das menschenähnlich war, machte mir Angst.
IIEEK!
Das ist meine neue Puppe!
Kuscheltiere hingegen liebte ich über alles.
Nur nicht-humanoide Puppen weckten mein Interesse.
Ganz besonders schlimm waren Spiele, in denen es keine festen Regeln gab, wie z.B. Rollenspiele à la „Vater, Mutter, Kind".
Äääähm...
Na los, du musst doch auch mal was sagen!
KIDSTOY
Ich fühlte mich völlig verloren und wusste nicht, wie ich mich im Spiel verhalten sollte: Wann war mein Einsatz und WAS sollte ich überhaupt sagen und tun? Das war nicht meine Welt.

Andere Kinder zeigten insgesamt ein merkwürdiges Verhalten: Sie taten sich gegenseitig weh, zerstörten ihre Werke, brüllten ohne Grund und schienen nie etwas zu planen oder logisch anzugehen. Das verängstigte mich, Kinder waren für mich unberechenbare, unlogische Reizmaschinen, die sich für Dinge interessierten, die ich völlig langweilig fand.
5:5=1
38:2=19
32:2=16
18:2=9
15:3=5
Lieber unterhielt ich mich mit den Lehrkräften über die Welt und den Unterricht. Erwachsene waren in Gesprächen viel zugänglicher und ruhiger.
In der 2. Klasse hatte ich dann ein Schlüsselerlebnis auf dem Schulhof.
Ihr seid mir einfach zu kindisch!
Ich weiß nicht mal mehr genau, was der Anlass für meine Äußerung war…
Klar, weil wir Kinder sind!
HAHAHA HAHAHA
…aber die Antwort löste einen Haufen Fragen in mir aus.

Ich war doch genauso ein Kind wie die anderen.
HAHA HAHA
HAHA HAHA
HAHA HAHA
HAHAHA
HAHA

Warum konnte ich dann nichts mit ihnen anfangen?
Warum waren sie so laut und unlogisch?
Warum spielten sie so merkwürdige Spiele?
Warum konnte ich mich mit ihnen nicht identifizieren?
Warum waren sie so anders?

Oder... warum war ICH so anders?

Meine Mutter hatte eine pragmatische Antwort parat.
Du bist doch überhaupt nicht anders.
Nein?
Du musst dich einfach nur etwas anpassen.
Und ab und zu über deinen Schatten springen.

Ich war doch nicht Peter Pan.

PLOPP

Redewendungen waren für mich oft ein Rätsel, das man mit normalen Lösungsansätzen nicht aufschlüsseln konnte. So nahm ich sie fast immer wörtlich und verstand selten den Sinn.
„Mit dem ist nicht gut Kirschen essen."
Werden dann die Kirschen schlecht? Oder sauer?
Schnell, Säure erhöhen!
„Eine Schwalbe macht noch keinen Sommer."
Wie denn auch? Sehe ich wie die Jahreszeitenfee aus, oder was?
GARFIELD
Das geht mir zum Teil noch heute so.
„Abends werden die Bürgersteige hochgeklappt."
Faszinierende Technik.
KLAPP

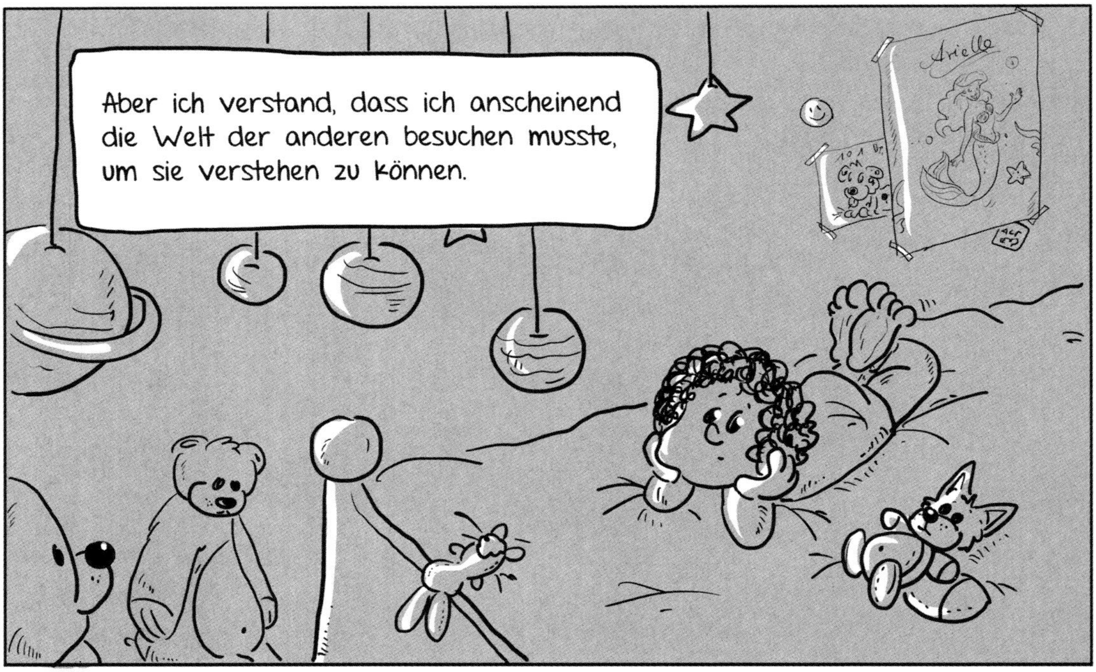

Aber ich verstand, dass ich anscheinend die Welt der anderen besuchen musste, um sie verstehen zu können.

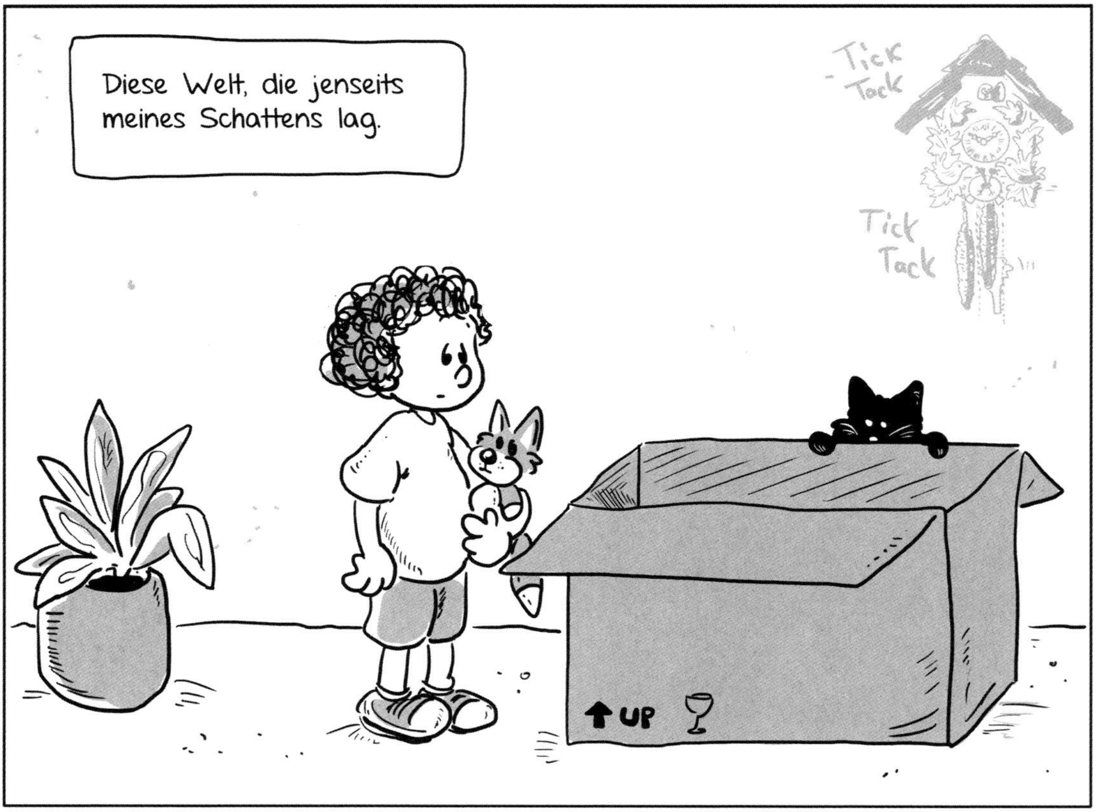

Diese Welt, die jenseits meines Schattens lag.

10... 9... 8... 7... 6... 5...
VROOM
VROOM
UP
VROOM
...4... 3... 2... 1...
LIFTOFF!
VROOOOM

Oh no.
Not again.
VROOOOM
Die Reise dauerte allerdings viel länger, als ich anfangs vermutete.
Und insgeheim wünschte ich mir, dass jemand auch mal MEINE Welt besucht.

3. Kapitel
Meine Welt
1DM

Die chaotische Welt um mich herum wird in übersichtliche Abschnitte kategorisiert, damit ich sie erfassen kann. So gab es als Kind für mich den Weg zur Schule, zum Supermarkt usw.
U-BAHN
SUPERMARKT
SCHULE
PFUHL
HAUS
ICH
MAUER
Das war die „bekannte" Welt. Nur die vertrauten Wege konnte ich bewältigen, alles andere bedeutete für mich unüberwindbares Neuland, das ich nicht betreten konnte, selbst wenn es in unmittelbarer Nähe lag.
N
W
O
S
Böse Welt
Bekannte Welt
GRRRR
So gesehen ähnelte meine innere Welt dem damaligen Berlin in einer gewissen Weise.
Hilfe, überall Kommunismus!
WEST-BERLIN
Zum Glück habe ich diese Mauer, die mich vor der Außenwelt schützt. Puh.

Bekannte Wege geben mir bis heute Sicherheit.
Und ich bleib dabei, auch wenn sie vielleicht ein Umweg sind.
Aber es wär doch viel kürzer, wenn du...
Mir egal.
Neben dem Sicherheitsgefühl muss ich außerdem nicht ständig auf meine Umwelt achten, da sie mir vertraut ist. D.h. ich kann mich in eine Art „Standby-Modus" begeben, was mit dem schönen Effekt daherkommt, dass ich nicht so schnell sensorisch überreizt werde. Man kann sich das als mentale Scheuklappen vorstellen.
Wenn ich aber dabei den Weg nicht zu 100% auswendig kenne, passiert leider eher so was:
Mist, schon wieder verlaufen!
Auch können mich Reize auf bekannten Strecken nicht mehr so schnell überraschen.
Hier stinkt es doch immer so schrecklich aus dem Gulli...
Värk, here it comes!

Gewohnte Reize helfen mir, in den Tag zu starten.

PIEEEEEP PIEEEEP PIEEEEEP

Diese Beständigkeit in ihren immer gleichen Abläufen gibt mir Sicherheit. Meist ist nämlich der Rest des Tages alles andere als strukturiert, sondern unberechenbar und chaotisch.

Und am nächsten Morgen fehlen mir meine so wichtigen gewohnten Dinge.
Ich hab uns Frühstück gemacht!
Nicht meine gewohnte Küche
Ach, das ist aber nett...
Nicht mein gewohnter Kaffee
Wollte eigentlich sofort nach Hause
Nicht meine gewohnte Marmelade
Nicht mein gewohntes Brot
Wenn ich verreise (was selten genug vorkommt), sind die Phänomene ähnlich, aber ich kann mich vorbereiten und mein Hotelzimmer in ein kleines eigenes Habitat verwandeln. Eine Art Schutzzone, wenn ich nach einem langen Tag wieder ins Hotel zurückkehre.
Lieblingsschlafshirt
Lieblingskuscheltier
Lieblingszeitschriften
eins meiner Lieblingsbücher
Lieblingsgetränk (oder passendes Surrogat)
Spektrum

Sobald ich aber wieder zu Hause bin, muss ich mich erst mal erholen, selbst wenn ich gerade von einer Urlaubsreise zurückkehre. Außerdem habe ich ein verstärktes Bedürfnis nach meinen Ritualen und vertrauten sensorischen Eindrücken. Regel: Je länger die Reise, desto länger die Erholungsphase.

Ich versuche es daher mit einem Gleichnis, um euch zu zeigen, wie ich mir den Unterschied ungefähr vorstelle.

Nehmen wir ein Videospiel...
SPACE ADVENTURES

Zwei Kinder bekommen dieses Spiel.
COOL!
Autist
NT

Das eine Kind spielt es im „Normal-Modus"...

...das andere auf der Schwierigkeitsstufe „Hart".
Boah, ist das schwer!
BLEEP
PENG
BUMM

So könnte man sich die Bildschirme vorstellen:
LV1
NORMAL

HART
LV1

Während das eine Kind völlige Ruhe hat....
LEVEL 2!
Düdeldü
AAARGH!
TROOT
TUUUUT
RIIING
...wird das autistische Kind zusätzlich mit allen möglichen Reizen bombardiert.
Dementsprechend sind auch erst mal die Ergebnisse.
Bin jetzt in Level 5.
Ich bin noch bei Level 1.
Erst?
SCHLÜRF
Natürlich wird nicht aufgegeben,
Blöder Endboss!
TUUUT
TROOOT
GRRR
Bis irgendwann Routine und Erfahrung das Spiel etwas erleichtern.
Ein Gleichstand wird geschaffen.
YES!
LEVEL 2!
Düdeldü
Level 10.
Dito!

Aber um dieses Ziel zu erreichen, braucht es viel mehr Zeit, Konzentration und Erholungspausen.
GAME OVER
BLEEP
BLEEP
ZZZZ
Level 18!
Level 21...
Dieses Spiel muss das ganze Leben gespielt werden, von morgens bis abends. Daneben müssen aber auch noch andere Aufgaben erledigt werden.
Eine Gewöhnung findet kaum statt, da jedes Level einzigartig ist und die Reize unberechenbar sind.
TRÖÖÖT
TUUUT
LV 42
Um gegenüber dem Chaos aus Reizen und Spielkonzentration etwas Erleichterung zu schaffen, muss der Rest des Lebens straff organisiert sein, damit die ständige Doppelbelastung erträglich bleibt.
GEWÜRZE
In einer Minute ist der Kaffee fertig....
KLACK
Jetzt den Toast rein und danach....

Wenn sich zwei Autisten über ihre Überlebenstechniken unterhalten...
...und ausgerechnet dann vergesse ich meine Sonnenbrille...
Ich hab immer gleich zwei dabei, für den Notfall. Ach, und Ohropax!
...meinen sie in etwa das hier:
Dieser Endboss mit den Killerstrahlen ist echt schwer, wie hast du den geschafft?
Du musst vorher den Schutzschild einsammeln und im richtigen Moment aktivieren, dann ist es total easy!
Und manchmal würde man den Controller zu gern einfach mal weiterreichen.
Warum fallen dir manche Dinge so schwer?
Spiel DU das mal, dann kannst du sehen, was "schwer" bedeutet.

Aber ich nahm instinktiv jede Pause wahr, um mich meinen Spezialinteressen zu widmen und mich zu regenerieren.

...sammelte Fossilien, Steine und Briefmarken...

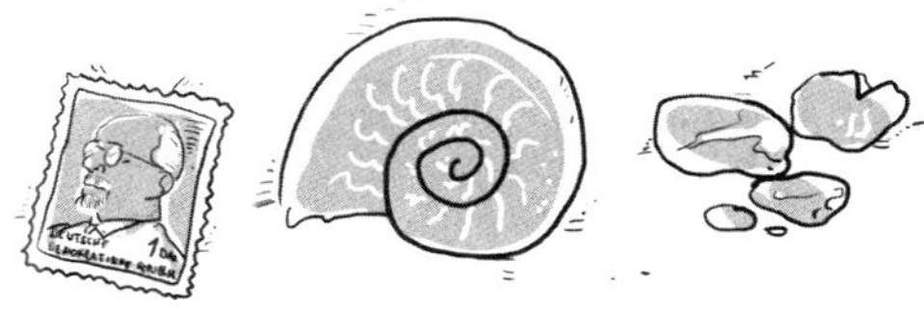

Ich dachte mir imaginäre Freunde und Freundinnen aus, mit denen ich spielte...
...zeichnete und malte unentwegt...
...und schaute mir im Fernsehen gerne Dokumentationen und natürlich Zeichentrickfilme an.
Ich wollte die Welt um mich herum so gut wie möglich erfassen und verstehen, im Kleinen...
Wow!
...wie auch im Großen.
Wow...
Meine Welt war also eine bunte Mischung aus Realitätsflucht und unbändigem Wissensdurst.
HEUREKA!
PERIODEN

Die Schule war leider für beides nicht zu gebrauchen...

Ich langweilte mich schrecklich.

Blablabla blabla...

Der Schulstoff ging viel zu langsam voran.

Ich wunderte mich, dass die anderen Kinder trotzdem nicht immer mitkamen.

Und anscheinend wunderten sie sich gleichfalls, warum ich im Unterricht keine Schwierigkeiten hatte.

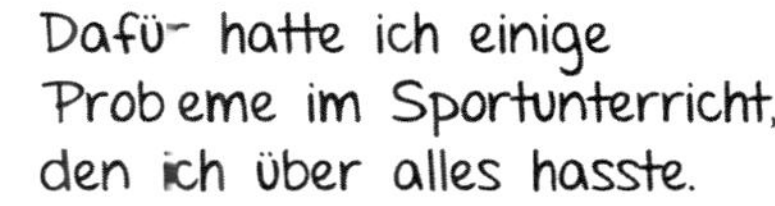

Der Schall in der Turnhalle war nicht zu ertragen, alles hörte sich noch viel lauter und schriller an, als es sowieso schon der Fall war.
PONG
Dazu kamen noch die schrecklichen Quietschgeräusche der Turnschuhe auf dem Hallenboden.
AAAAAH
Dann hatte ich natürlich Angst vor den Bällen und den unberechenbaren Bewegungen der anderen Kinder.
Nnggh...
Und eine Sportskanone war ich sowieso noch nie...
Geht das auch mal schneller und nicht so verkrampft?

Kurzum, die Schule war ein Ort, der mir aus damaliger Sicht wenig Vorteile, dafür aber Bauchschmerzen bereitete.

Richtig Bauchschmerzen.

Schon am Sonntag bekam ich Angst vor dem darauffolgenden Schultag. Schmerzende Reize, hänselnde Mitschüler und Mitschülerinnen, chaotische Pausen… Der Horror!

Ich wurde oft krank.

Die Klassenarbeiten bestand ich trotzdem mit den besten Noten, da mich der Schulstoff in der Regel völlig unterforderte.

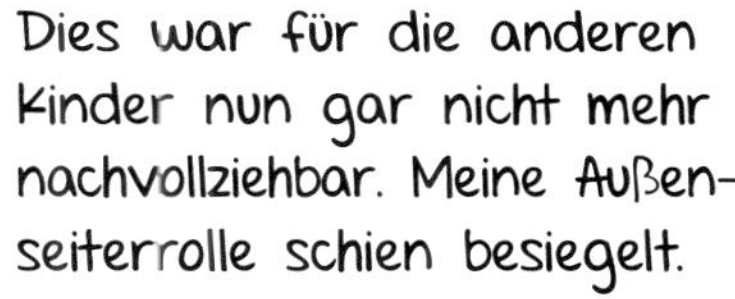

Dies war für die anderen Kinder nun gar nicht mehr nachvollziehbar. Meine Außenseiterrolle schien besiegelt.

Ich hätte damals alles für einen Privatlehrer gegeben...

Zuhause fühlte ich mich sicher und beschützt. Ich war viel konzentrierter und entspannter.

Keine belastenden Reize störten mich und ich konnte in meinem Tempo lernen, ohne mich dabei zu langweilen. Ich wurde zu einer Autodidaktin und verschlang fast alle Bücher im Haus, am liebsten mochte ich dabei unser Lexikon und das Medizinbuch.
M: Mozart
B: Bakterie

Trotz meiner guten Noten lief ich Gefahr, nicht versetzt zu werden, da ich so viele Fehlzeiten angesammelt hatte.

Zum Glück konnte meine Mutter die Schule davon überzeugen, dass mir durch die versäumten Stunden kein Nachteil entstand. Ich wurde versetzt, aber der Stoff ging trotzdem nicht schneller voran.
A B

Obwohl meine Mutter meine bevorzugte Art des Lernens bei den Lehrkräften verteidigte, konnte sie meine Interessen und Vorlieben oft nicht nachvollziehen.

Viren waren als Kind eines meiner Spezialinteressen, ich las alles über sie und malte sie ständig, ich mochte sie sogar noch lieber als Dinosaurier. Ich bastelte mir eigens dafür ein Sammelalbum, das ich immer bei mir trug. Ich lernte, dass manche Lieblingsthemen (z.B. Autos/Flugzeuge bei Jungen, Pferde bei Mädchen) akzeptiert wurden, andere nicht. Warum dies so war, erschloss sich mir in all den Jahren allerdings nicht so richtig.

Und natürlich versuchte ich auch meine Umwelt für dieses Thema zu begeistern, schließlich war es in meinen Augen unglaublich faszinierend und jeder, der sich nicht dafür interessierte, wusste nur einfach noch nicht genug darüber!

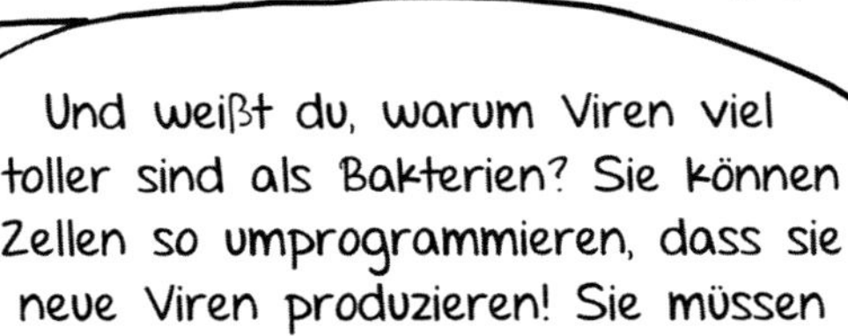

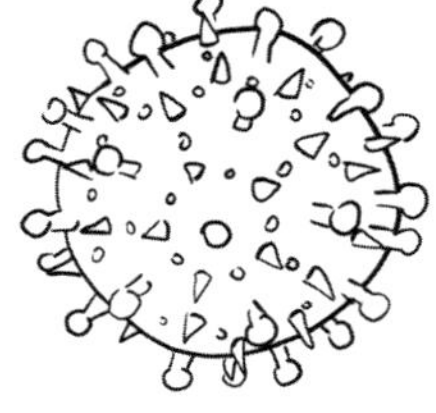

Doch dann entdeckte ich etwas völlig Neues...

...im Arbeitszimmer meines Vaters.
Ich wurde fast magisch von ihm angezogen...

Papas Computer.

3
2
Ich hatte zwar schon erste Videospielerfahrungen mit Pong gemacht...
...und besaß sogar einen kleinen Kinder-Lerncomputer mit verschiedenen Programmen. Es wurde mir aber schnell langweilig, da die Lerneinheiten nicht sehr herausfordernd waren.
6:3=2
DAS IST RICHTIG!
Außerdem war die Sprachausgabe sehr kratzig und unheimlich.

Mit dem Computer hingegen konnte ich richtig interagieren, es gab so viele Möglichkeiten...
Ich konnte ohne einen menschlichen Partner spielen, der Computer handelte logisch, immer auf die gleiche Art und Weise und gehorchte genau meinen Befehlen.
Ich kam gar nicht mehr davon los, auch wenn es am Anfang nur simple Spiele wie Gorilla gab.

Dann bekam mein Vater von einem Freund Monkey Island geschenkt.
THE SECRET OF MONKEY ISLAND
Du kämpfst wie ein Bauer!
Wie passend, du kämpfst wie eine Kuh!
Man kann sich vielleicht vorstellen, wie ich darauf reagierte...
Bitte, ich will noch spielen, ich weiß jetzt, wie man die Hunde betäubt!
Kind, ich muss auch mal arbeiten!

Damals ahnte ich noch nicht, wie wichtig dieses Medium für meine spätere Kommunikation werden würde. Am Anfang war der Computer einfach nur ein grandioser Spielgefährte.
Best Friends!
Jahre später halfen mir E-Mails und Chatprogramme, mich mit anderen zu unterhalten.
Quantenkatze:
Hast du schon gehört? Das Higgs-Boson wurde endlich gefunden!
PLING
Fuchskind:
Ja, werd gleich einen Comic dazu zeichnen!
Schriftliche Kommunikation war viel einfacher, daher legte ich mir zwecks der SMS-Funktion später auch ein Handy zu.
Dütdüt Dütdüt
Heute ab 19 Uhr bei mir!
Super, soll ich was mitbringen?

Telefonieren ist mir ein Graus.

Das liegt zum einen an der veränderten auditiven Verarbeitung. Die menschliche Sprache liegt in einem Frequenzbereich von 80 bis 12.000 Hz, über das Telefon werden aber nur Frequenzen im Bereich von 300 bis 3.400 Hz übertragen. Jegliche Nebengeräusche stören sofort das Sprachbild, da ja, wie schon angesprochen, mein Reizfilter anders als bei Nicht-Autisten funktioniert. Wortsilben kann ich so nur noch schwer ergänzen.

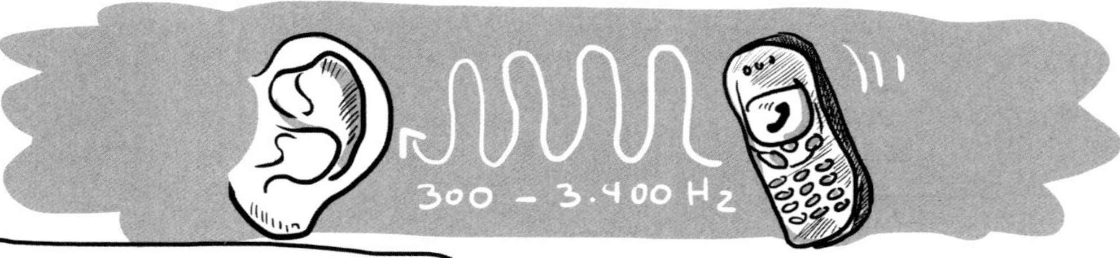

Im Zweifel höre ich meinen Gesprächspartner unvollständig oder gar nicht...

Du, ich versteh dich grad ganz schlecht, der Vogel singt so laut!

Hä?

Eine andere Schwierigkeit ist, ähnlich wie bei Face-to-Face-Dialogen, das Erfassen von Sarkamus und Ironie (fehlende Smilies oder Anführungszeichen).

Das alles führt automatisch zur Angst, die Erwartungen des Gegenübers nicht erfüllen zu können. Die üblichen Bemühungen, meine autistischen Züge nicht zu offenbaren, versagen hier gnadenlos.
WIR SEHEN DICH!
Allein das Klingeln erschreckt mich schon zu Tode.
KLECKER
AAARGH!
Riiiiiiing
Meistens wirke ich dann etwas ungehalten, da ich gerade aus einer Handlung gerissen wurde und einige Zeit benötige, um meine Konzentration zu bündeln. Außerdem kann ich mich nur schwer ad hoc auf einen Gesprächspartner oder eine Gesprächspartnerin einstellen.
Ja, was ist denn?
Meine Stimme klingt zudem sehr jung, für manche fast kindlich, was zu Verwechslungen führen kann...
Hallo, ist deine Mutti zu Hause?

Manchmal komme ich aber auch nicht drumherum, z.B. wenn ich einen Termin bei einem Arzt vereinbaren möchte, der nicht per E-Mail zu erreichen ist.

Jedes Mal ein schwieriges Ereignis, das viel Vorbereitung erfordert.

Ich benötige einen völlig ruhigen Raum, keine Nebengeräusche dürfen stören. Das Bad ist ideal, da es hier keine Fenster gibt.

Dann folgt eine Probe des bevorstehenden Gesprächs. Was sage ich? Was wird der Gesprächspartner wohl erwidern? Terminvereinbarungen sind sehr kurz und gut konstruierbar.

Dann wird geübt, bis es sitzt bzw. ich den Mut gefunden habe, das Gespräch in die Realität umzusetzen.
Guten Tag, ich hätte gerne einen Termin!
Das kann dauern.
Ja, Mittwoch ist in Ordnung!
Manchmal bis zu einer Stunde oder länger.
...ich hätte gerne einen Termin....
Na, nun mach schon!
Hey, nicht drängeln!
Seufz
Tipp
Tipp
Tututututut tutututut (besetzt)
NEEEIIIN!

Aber sie hielten meist nicht sehr lange.

Hallo Jennifer!
Mir geht es gut, die Sonne scheint hier auch. Meine Katze hat ein Kaninchen gefangen und unter dem Bett versteckt. Wir haben es erst sehr spät entdeckt, es war voller Maden und die Eingeweide guckten raus. Ich frage mich, welche Organe Katzen besonders gerne fressen, weißt du das?

ANDERE POSTLEITZAHLEN
BERLIN

HH

Vielleicht lag es auch an meiner Handschrift, die schon damals ziemlich unschön und oft schwer zu lesen war, was auch in der Schule auffiel.

Gerade an der Uni wurde das sehr nervig, da ich hier noch keinen Laptop zum Mitschreiben hatte und alles handschriftlich notieren musste.
Aarrgh, ich kann meine Notizen aus der Vorlesung wieder nicht entziffern...
DEUTSCHE GESETZE SCHÖNFELDER §
StPO §
+1000 HP
Im Alltag ist es auch nicht besser.
Äh, was soll das heißen? Pampers?
Nein, Pfirsiche.
Sicher? Oder willst du mir vielleicht auf diesem Wege...
Ich mach den Einkaufszettel nächstes Mal mit dem Smartphone, ok?

Als ich meinen ersten Liebesbrief bekam, wurde es richtig kompliziert.
Süß.
Dani, ich möchte für immer mit dir zusammen sein! Du bist wundervoll!
Eigentlich bin ich nicht der Typ für derartige Liebesschwüre, trotzdem wollte ich ihm eine schöne Antwort zurückschreiben, um nicht unhöflich zu wirken.
Wie mach ich DAS denn jetzt?
Liebesbriefe sollten immer handschriftlich verfasst werden, alles andere ist zu unpersönlich.
So ein Mist! Dann scheidet E-Mail ja auch aus.
Eine kleine Internetrecherche ergab, dass ich wohl oder übel meine beste Sonntagshandschrift hervorholen musste. Und was sollte ich überhaupt schreiben? Ich bin nicht gerade der romantischste Mensch in der Milchstraße.
Am Ende achtete ich mehr auf Lesbarkeit als auf den eigentlichen Inhalt, aber es kam trotzdem von Herzen.
Du hast wunderschöne Schulterblätter!

Viel später lernte ich dann auch Menschen kennen, die an meiner Art der Liebesbekundungen Gefallen fanden.

sqrt(-1) love u

Meine Liebe wächst so schnell wie π!

Zusammen bilden wir einen Neutronen-Doppelstern, der einen Kurzzeit-Gammablitz aussendet.

```
while (true) {
        fabian.lovesDani++;
}
```

9x-7i>3(3x-7u)
9x-7i>9x-21u
-7i>-21u
i<3 u

Ich hatte nicht nur Schwierigkeiten, Buchstaben schön niederzuschreiben, ich schien die Zeichen auch anders wahrzunehmen. So sah ich die Buchstaben erst in ihren einzelnen Bestandteilen, bevor ich sie als Ganzes erkennen konnte. Manchmal gelang es auch gar nicht und es kam zu Verwirrungen.

Vielleicht liegt es auch an meiner Eigenheit, Details viel stärker wahrzunehmen als die meisten anderen Menschen.
Ich bin geradezu fasziniert von Mustern.
Die Gardine in meinem Kinderzimmer war für mich besonders interessant.

Ich war geradezu hypnotisiert.
Doch statt den floralen Motiven...
...bildeten sich ganz andere Figuren vor meinem Auge.
Drache mit gespaltener Zunge
Phoenix, der die Flügel nach vorne streckt
Dino mit vielen Rückenschuppen
Schmetterling mit Wuschel-Flügeln

So erging es mir auch mit Tapeten, Teppichen, Bettbezügen, Tischdecken... Alles, was wiederholende Muster oder einfach nur ein detailreiches Design hatte, weckte meine Aufmerksamkeit. Allerdings sah ich selten das, was eigentlich abgebildet war.

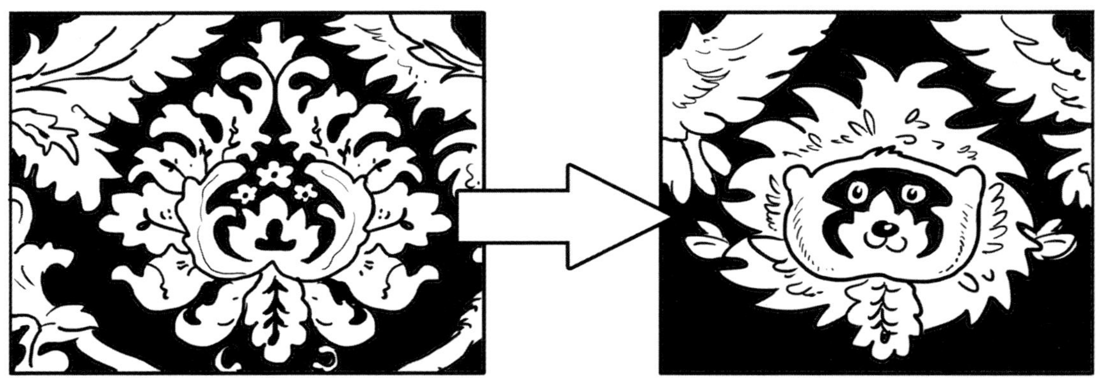

Panda im Gebüsch

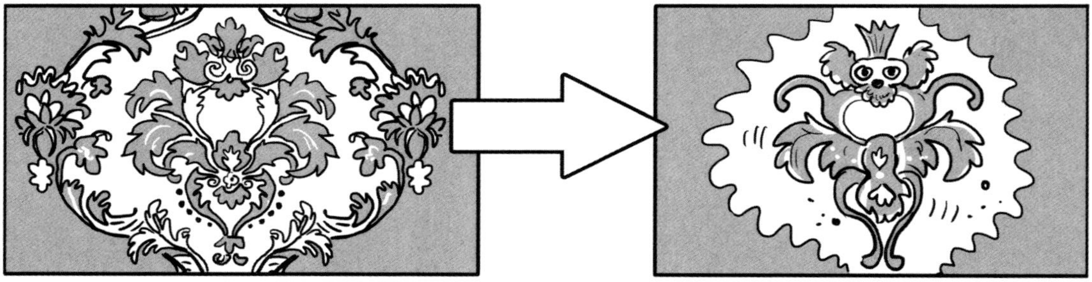

Tanzender König im Blätterrock

Für mich war das völlig offensichtlich.

Schau mal, Mami! Da sind Giraffen auf dem Sessel!

Was siehst du denn schon wieder für komische Dinge? Nun komm.

Manchmal hielt ich Erwachsene für ganz schön beschränkt.

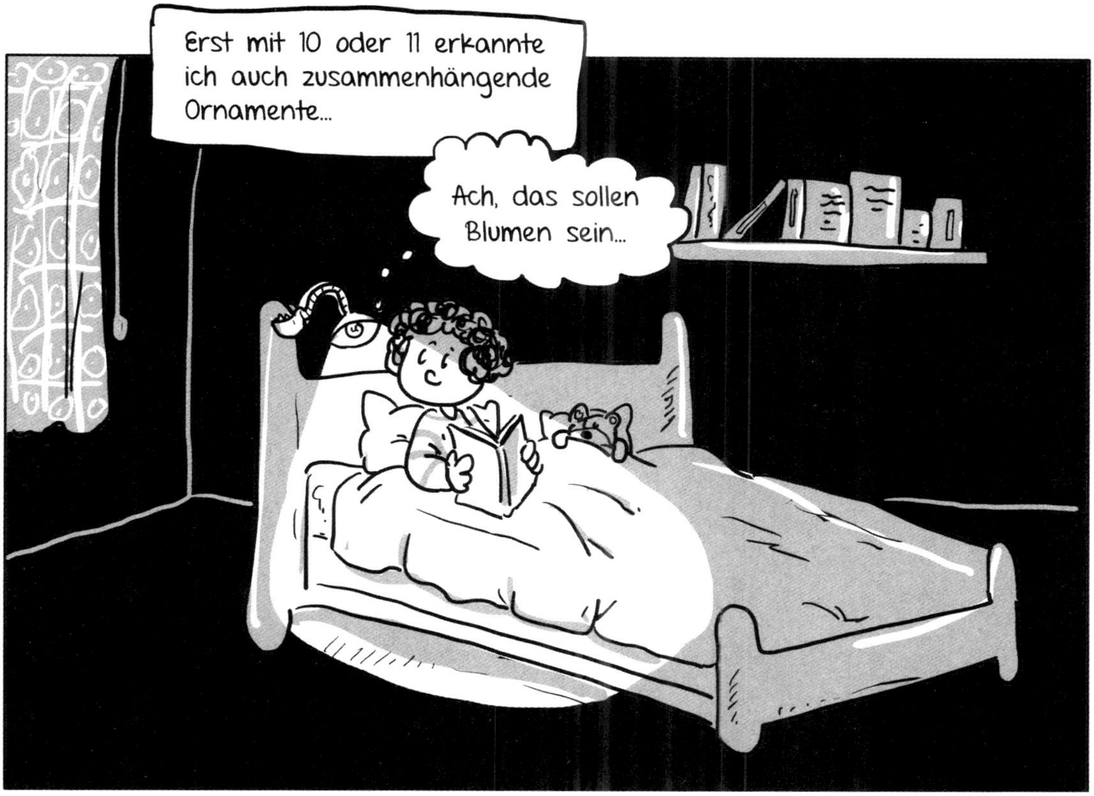

Erst mit 10 oder 11 erkannte ich auch zusammenhängende Ornamente...

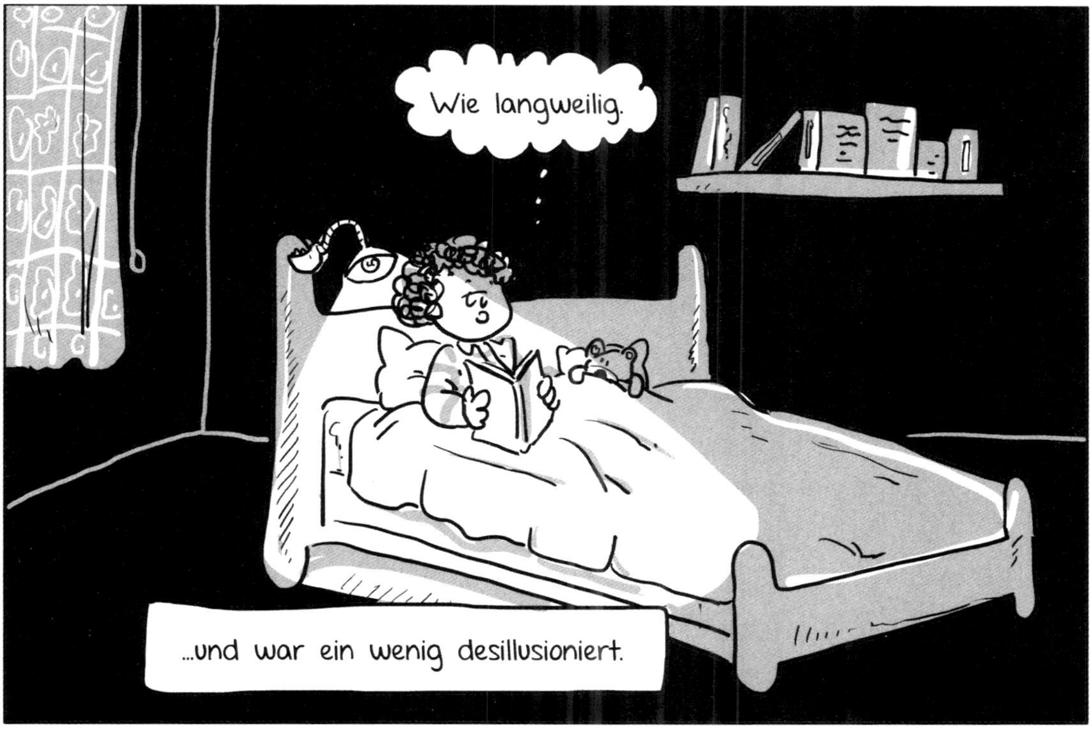

...und war ein wenig desillusioniert.

Ich liebe es, kleine Dinge in meiner Umgebung zu entdecken.
Das Streetart da ist aber neu.
X-BERG
ACAB
SO 36
Manchmal versinke ich beim Betrachten so stark in mir, dass ich eine Art starren Blick bekomme.
Dani?
Äh, Dani? Ist alles in Ordnung?
WILD CHERRIES
13
Ich mag Kirschen.

Die Dinge, die mir dabei auffallen...
Wie fandest du die Party?
Toll! Das Buffet war klasse, so wunderschön farbig arrangiert! Teilweise sogar komplementär!
Und sie hatten so süße Salz- und Pfefferstreuer in ihrer Küche!
Und die Handseife im Bad hatte einen wunderbaren Geruch!
Äh, ich meinte mehr die Atmosphäre und die Leute dort...
Ach so! War nett.
...scheinen für andere eher belanglos zu sein.

Eine hohe Detailwahrnehmung kann auch durchaus praktische Vorteile haben.
Mist, wie soll ich denn in diesem Durcheinander das Klebeband finden?
Ach, und der Schraubenzieher!
Ich hab's!
Hier!
...die Schrauben...
Gefunden!
Rassel Rassel
Noch mal, noch mal!
Das ist wie ein 3D-Wimmelbild!

Die Nachteile ließen sich aber schwieriger kompensieren.

Mein Blick für Details hatte ja einen Nebeneffekt: Größere Zusammenhänge wurden nicht immer von mir als solche erkannt. Wenn z.B. Hinweise zu einer Klassenarbeit in einer extra Box beschrieben wurden, nahm ich sie nicht mehr zu den Aufgaben zugehörig wahr und überlas sie einfach.

Wurden während einer Arbeit Bemerkungen an die Tafel geschrieben, bekam ich sie auch nicht mit. Sobald die Aufgaben verteilt waren, schottete ich mich so gut wie möglich von allen Reizen ab, um mich überhaupt konzentrieren zu können.

5. Aufgabe

bitte korrigieren:

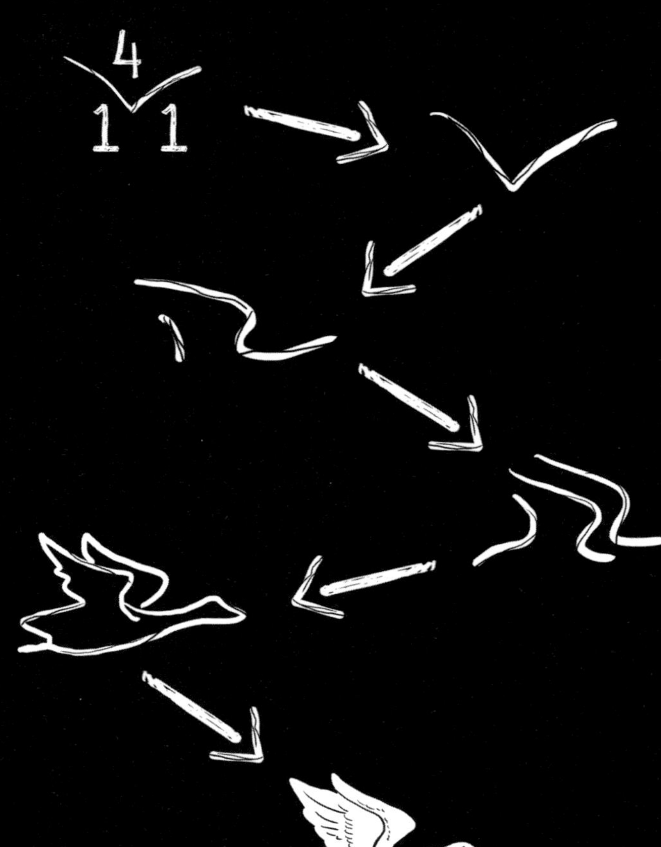

Aber eine
viel größere
Herausforderung...
...ließ nicht lange
auf sich warten.

4. Kapitel

Das Geräusch von Chlor

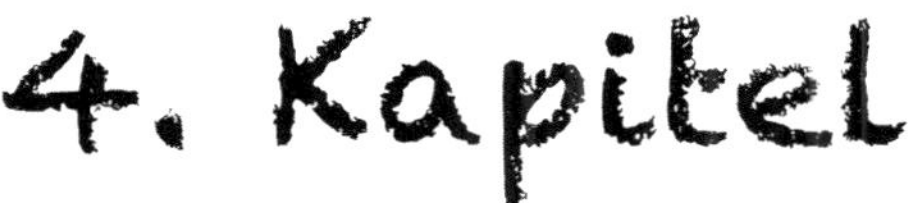

Dani?

Dani?
Kommst du ins Wasser?

Ich kann schwimmen.

Ich bin dabei nicht besonders schnell. Meine Schwimmbewegungen sind eher unkoordiniert und nicht sonderlich schön oder elegant.
Aber ich gehe nicht unter.
Vor dem Wasser habe ich eigentlich auch keine Angst.
Eher vor den Erinnerungen.

In der Grundschule musste ich an einem Schwimmkurs teilnehmen.
Für mich eine mittlere Katastrophe, was mir den sowieso schon verhassten Sportunterricht noch mehr vermieste. Viele Gründe sorgten dafür, dass ich bald Bauchschmerzen vor den Schwimmstunden hatte.
Mist!
ZIEL
Zum einen war der Weg zur Schwimmhalle ein ganz anderer als zu unserer Turnhalle. Diese Veränderung alleine war schon sehr schwierig für mich und ich verlief mich mehr als einmal.
Dann dieser Geruch, der wie wild in der Nase biss und allgegenwärtig war.
Chlor
Chlor
Er war so penetrant, dass ich sogar von diesem Geruch träumte.

Der Krach war unerträglich. Schreiende Kinder das Platschen des Wassers, ein unglaubliches Sprachgewirr… Durch die Halle wurde der Schall so verstärkt und reflektiert, dass er von allen Seiten fast gleich intensiv kam. Ich kannte dieses Phänomen zwar aus unserer Turnhalle, hier war es aber ungleich stärker.
Es war überhaupt nicht mehr zum Aushalten.
KREEISCH
ARSCHBOMBE!!!!
Ey, lass das!
PLATSCH
Angeber!
SPRITZ
Tanja, schau mal!!

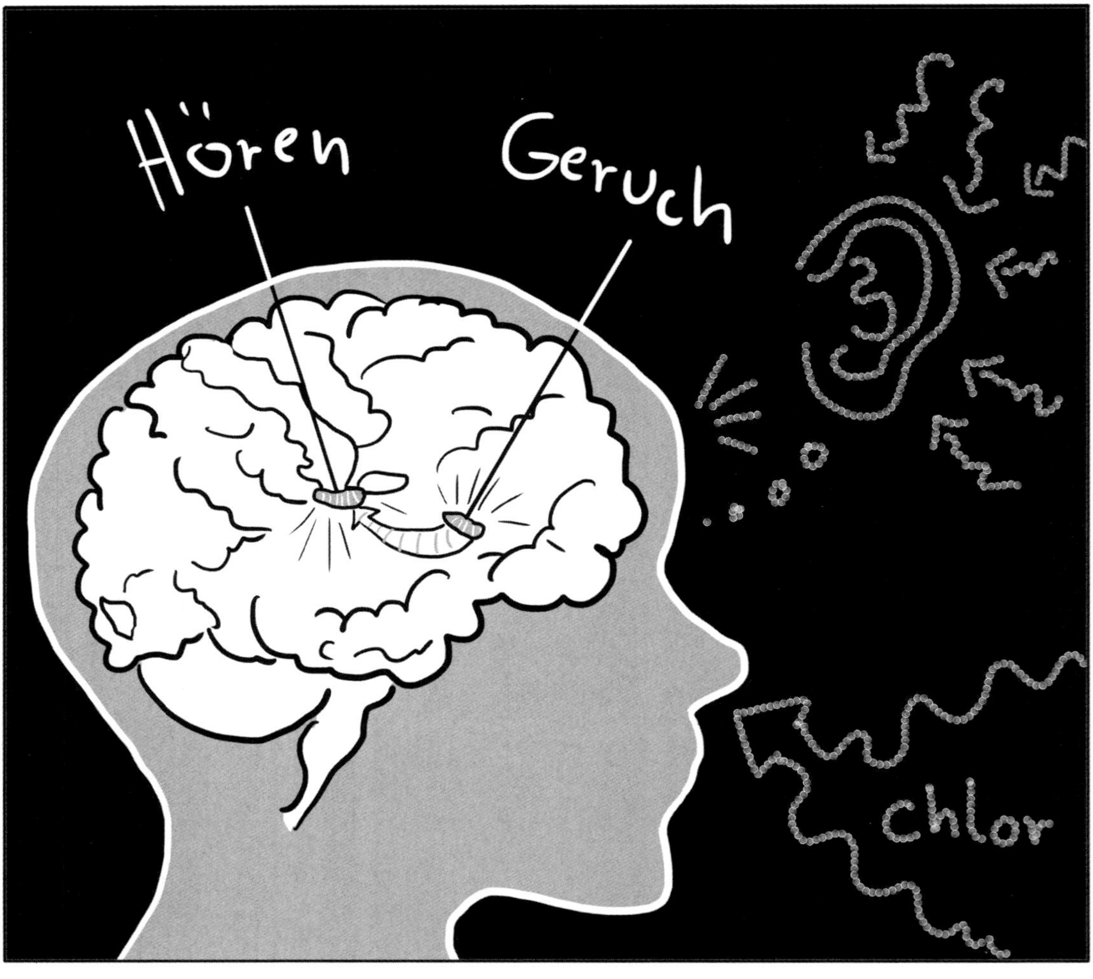

Hören

Geruch

Chlor

Das Gefühl des Wassers selbst mochte ich gern.

Solange mein Kopf nicht in Berührung damit kam.
AAAAAAH!
Hehe!
SPRITZ

Was hat die denn nur?

Dann kamen die ersten Übungen...

Als Erstes sollten wir lernen, die Augen unter Wasser offen zu halten.
!
Ich stellte mir das ganz toll vor.

Doch meine Erwartungen...

...wurden bitter enttäuscht.

Das Chlor schien sich durch jede Pore zu fressen, meine Augen schmerzten unbeschreiblich.

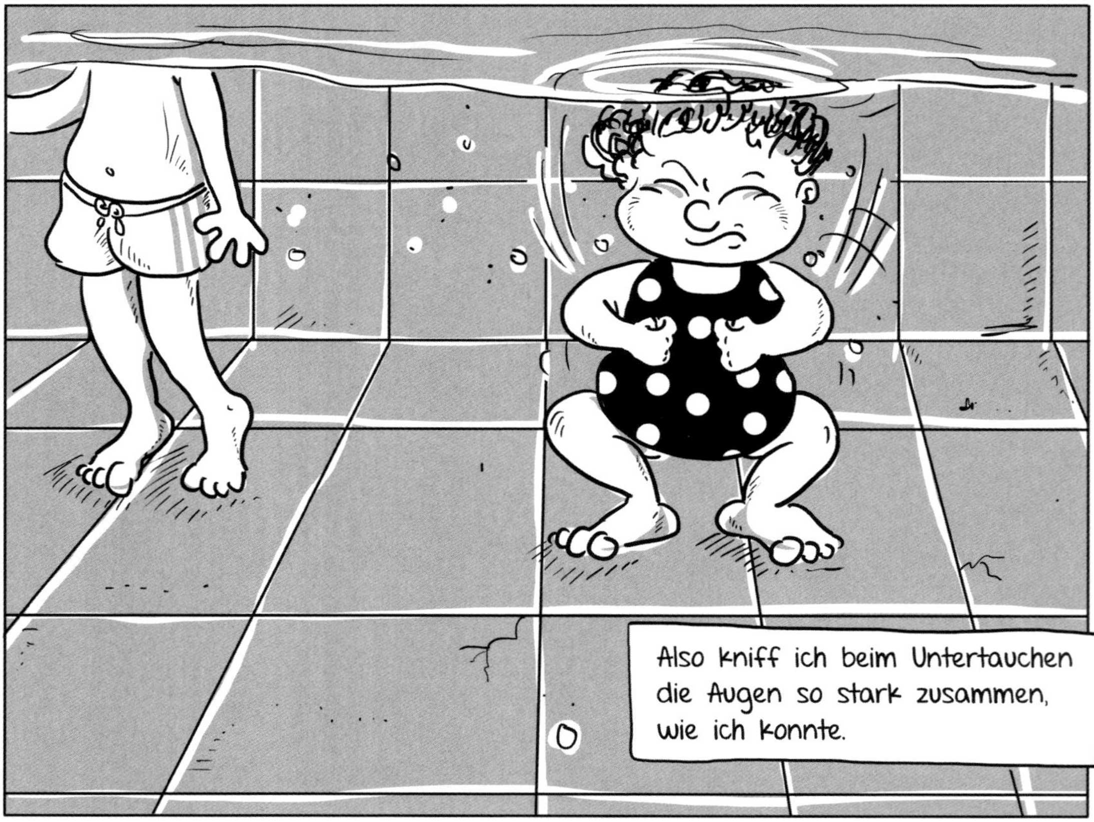

Also kniff ich beim Untertauchen die Augen so stark zusammen, wie ich konnte.

Diese Übungen waren doppelt doof. Zum einen bekam ich nicht mit, wann wir wieder auftauchen sollten, da ich die Handzeichen unter Wasser nicht sehen konnte.
Zum anderen hatte ich nach wie vor starke Schwierigkeiten mit taktilen Reizen am Kopf. Das nasse Haar, die Wasser-tropfen, die herunterliefen, allein das Gefühl des kalten Wassers am Kopf... Es war eine riesige Überwindung, die viel Kraft kostete.
Nun mach schon, es ist gleich vorbei, gleich vorbei...
Was auch in der Dusche zu fast akrobatischen Einlagen führte.
Wssss
Wsss
Nnnng...
Klick
?

Ich schaffte es trotzdem bis zur Seepferdchenprüfung. Die letzte Aufgabe bestand darin, einen Ring vom Beckenboden hochzuholen.
Ich fixierte den Ring und stellte mich genau davor.
Ich musste mich nur bücken.

Und los!

BLUBB

HEUREKA!

Ich hatte mein Seepferdchen!

Klasse, weiter so!
Ich war stolz wie Bolle. Ich hatte das Gleiche geschafft wie die anderen Kinder, trotz der vielen Hürden, die keiner sehen oder nachfühlen konnte.
Es änderte aber nichts am Unterricht selbst.
Ich ging noch immer jede Stunde durch eine nasse Hölle.
PLATSCH
KREIIISCH

PFFFF
Es wurde sogar immer schlimmer, denn nun kam ich ins Schwimmerbecken.
PFFF
Meine Füße konnten nicht mehr den Boden berühren und wenn ich aus dem Schwimmtakt kam...
BLUBB
...wurde ich panisch und ging manchmal fast unter. Ich versuchte daher, so nah wie möglich am Beckenrand zu bleiben, um im Notfall Halt finden zu können.
Meine Hass-Übung Nr. 1 wurde natürlich auch noch verschärft.
Nun musste der Ring aus tiefem Wasser gefischt werden. Mein kleiner Trick war nicht mehr anwendbar.
2 m

Super, Michelle!
Jetzt du, Daniela!
Mach hinne!
BLUBB

LUFT

KEUCH!
Nächster.
Weiter als bis zum Seepferdchen kam ich nie.
Aber immerhin konnte ich schwimmen. Jedenfalls ein bisschen.
Bis zur Oberstufe ging ich nie wieder ins Wasser. Unsere Badewanne war das höchste der Gefühle.
SHAMPOO

Dann wurde mir auch dort der Sportunterricht zum Verhängnis.
31
32
Der Geruch, die Geräusche, das viele Wasser...
KREISCH
CHLOR
...weckten alte Erinnerungen.
Böse Erinnerungen...
Wimmer...
Ich konnte die alten Bewegungen noch, aber ich war langsam wie eine Wasserschnecke... Fehlende Übung, mein tollpatschiger Schwimmstil und die lähmende Angst leisteten ganze Arbeit.
Daniela, die Sportlehrerin sagt, du kannst aufhören, es dauert ihr zu lange...
Poseidon sei Dank!

Erst viel später traute ich mich wieder ans Wasser heran. Diesmal ganz ohne Chlor und in meinem eigenen Tempo.
Mit 23 war ich zum ersten Mal am Meer.

Mit 25 steckte ich zum ersten Mal einen Fuß ins Wasser.

Mit 28 ging ich dann zum ersten Mal im Meer baden.
Natürlich berührten meine Füße die ganze Zeit den Boden.

Noch immer bin ich kein großer Schwimmfan und keine 10 Seepferdchen würden mich noch mal in ein Schwimmbad kriegen, aber nach vielen kleinen Schritten und jahrelangen Übungen gehe ich nun freiwillig in natürliches Gewässer (Seen, Meer etc.).
Ein vermeintlicher Feind entpuppte sich am Ende als harmlos.
Eat this, Ostsee!
Aaargh, mein nächster Erzfeind...
Manch andere verfolgen mich dafür noch bis heute.

Feinde bekam ich fast automatisch.
Freunde hingegen waren sehr schwer zu finden.
Wie stellte man das an? Wie machten es die anderen?
Und wie behielt man einen Freund, wenn man endlich einen gefunden hatte?
Eine lange Trial-and-Error-Versuchsreihe lag vor mir.

5. Kapitel

Freunde schaffen

Meine Freunde
Meine ersten Freunde waren unsere Tiere.
Snoopy
Rex
Auch die Nachbarstiere!
Und natürlich auch die wilden Besucher in unserem Garten, die ich besonders gern beobachtete.

Wir waren unzertrennlich.
FRIENDS ∞ FOREVER!

Ihre Körpersprache verstand ich ganz natürlich, was mir bei Menschen bis heute nicht wirklich gelingt.

HECHEL
Das Spielen mit ihnen benötigte keine komplizierten sozialen Regeln oder verbale Kommunikation.

Man konnte mit ihnen auch einfach entspannen und die Ruhe genießen.

Den Kontakt zu anderen Kindern suchte ich nicht. Ich war nicht mal neugierig auf sie, spielen konnte ich sowieso viel besser alleine. Spielplätze vermied ich, obwohl ich die Schaukel so sehr mochte.
Die Schaukel... Aber die anderen Kinder. Hach, die Schaukel...
Waren die Nachbarskinder im Garten, versteckte ich mich schnell, um ja nicht von ihnen angesprochen zu werden.
Ninja-Modus!
Wenn meine Mutter Kinder zu uns einlud, wurde ich richtig abweisend.
Hey, wollen wir mit deinem Lego spielen?
Fass mein Spielzeug ja nicht an!
Meine Mutter dachte, dass ich mich wie ein egoistisches Einzelkind benehmen würde.
Du musst auch mal lernen zu teilen!
Aber das war nur die halbe Wahrheit.

Meine Sachen, egal, ob es Spielzeug, Stifte, Bücher oder lapidare Alltagsgegenstände waren, machten meine Welt komplett. Sie gaben mir Sicherheit. Allein sie anzuschauen oder kurz zu berühren, machte mich ungemein glücklich… Dafür konnte ich es nur schwer ertragen, wenn andere sie anfassten.

Meine Welt durfte nur ich sortieren und ordnen, eine sehr wichtige Regel, bis heute!

Mami, hast du in meinem Zimmer umgeräumt?

Nein, ich hab doch nur gewischt…

Kannst du meine Sachen nicht in Ruhe lassen?! Es ist alles völlig durcheinander!!!!

Aber ich hab gar nicht…

Selbst kleinste Veränderunge machten mich wütend.

Andere Kinder schienen das überhaupt nicht zu verstehen.

ZITTER

Hey, kann man bei der Figur die Arme bewegen?

Upps, wohl nicht!

KNACK

ZUCK

AAAAAAH

Der Fall war für mich klar. Andere Kinder waren schrecklich unempathisch oder einfach nur grausam. Auf ihre Gesellschaft konnte ich gut verzichten.
Jetzt heul doch nicht gleich!
Wimmer
Pffff
Sie schienen sich nicht einmal Mühe zu geben.
Hey, eine Katze!
Komm her, kleines Kätzchen!
Spinnst du?!
MAAAU
Siehst du? Ganz vorsichtig.
So?
FAAAAUUUCH
ZACK

Doofe Katze!
Meine Mutter war verzweifelt.
Magst du nicht noch mal mit Jens oder Tina spielen?
Wozu?
Wie, wozu? Kinder spielen doch! Und du bist ein Kind!
Ich war genervt.
Alice im Wunderland
Ich sah keinen Nutzen im Spielen mit anderen Kindern. Ich blieb bei meinen tierischen Freunden.
Und dazu gab es noch jede Menge imaginäre Freunde!

Das änderte sich auch nicht, als ich in die Schule kam. Meine Mutter dachte, ich würde automatisch Freunde finden, da ich nun ständig mit Kindern zusammen war.
ABCDEF
HIJKLMNOPQR
Das Gegenteil geschah, ich kapselte mich noch stärker ab. Ich freute mich über jede Minute, die ich alleine war.
Die Klasse bildete bald eine Gemeinschaft. Wie in einem Planetersystem fand jedes Kind seinen Platz, seine Umlaufbahn.
Ich hingegen wurde schnell die Einzelgängerin. Außenseiterin. Streberin.

Ich schwebte über allem wie ein Geist.
Obwohl ich alles beobachtete, wurde ich kein Teil ihrer Welt. Ich konnte nicht einmal richtig mit ihnen interagieren.
Der Schultag war für mich stark geteilt.
Der Unterricht war ok, wenn ich mich dabei nicht langweilte.
Die Pausen hingegen waren durchweg schrecklich
ich versuchte sie einfach nur zu überstehen.
Hier her!
KREIIIIIIscht!
Die Klingel erlöste mich.
Regen beruhigte mich schon als kleines Kind, nun wurde er sogar zum Retter, wenn ich dank der Regenpause nicht auf den Hof musste.
Riiiiiing
Endlich...

Aber auch in der geschützteren Umgebung des Klassenraums kam kein näherer Kontakt zu den anderen Kindern zustande.
KLATSCH
Freunde schienen mir am Anfang nur eine Belastung zu sein.
Wollen wir nach der Schule spielen?
Klar!
Uff, woher haben sie die Energie? Ich bin völlig fertig, ich muss mich erst mal ausruhen...
WARNUNG! Wenig Energie!
SOCCER
Durch die ständige Reizüberflutung plus dem Stress, der durch den normalen Schultag für mich entstand, wurde meine gesamte Energie für den Tag verbrannt. Nicht selten war ich in der Schule schon völlig leer, da ich erst lernen musste, meine Kräfte einzuteilen.
Wenn ich von der Schule nach Hause kam, war ich völlig kaputt.
Puuuh...
Bitte aufladen!
Nach der Schule noch Sozialkontakt mit anderen Kindern haben oder einen Verein besuchen? Undenkbar!

Im Lauf der Zeit verstand ich aber, dass es viele Vorteile brachte, Freunde in der Schule zu haben.
ABCDEFGH
Gruppenarbeit! Jeder sucht sich jetzt bitte einen Partner!
Oh nein...
Wir beide?
Klar!
Brennball! Wählt bitte eure Teams!
Bitte nicht wieder Letzte...
Claudia, Basti...
Micha, Susi...

Mach mal Platz!

Streberin!
Test
1+

Die Schaukel ist besetzt!
Aber...
Besetzt!

HEULSUSE!
Schnüff

Lass Basti in Ruhe!
Hätte ich eine Freundin oder einen Freund, könnten sie mich auch verteidigen...

Aber die anderen Kinder merkten schnell, dass ich anders war.
Ich bekam es oft genug zu spüren.
Hau ab!
Du bist komisch!
Der Platz ist besetzt!
Streber!
Ich wünschte mir damals eine Art Kompagnon für die Schule, der mir ähnlich war, mich verstand und mich begleitete.
Er sollte kein Freund im herkömmlichen Sinne sein, sondern eher ein Beschützer gegen die anderen Kinder.

Aus dem Wunsch wurde erst mal nichts. So wurde ich auch nie zu Kindergeburtstagen eingeladen und blieb auch bei meinen eigenen Geburtstagen allein. Aber das störte mich nie. Im Gegenteil, ich hätte eh nichts mit den Kindern anfangen können.
Meiner Fantasie schadete es nicht, ich spielte trotzdem viel und war außerhalb des sozialen Drucks der Schule glücklich.
Juhuuuuu!
?!

In der fünften Klasse gelang es mir dann doch, zu zwei Kindern ein wenig Kontakt aufzubauen.
Natürlich waren es zwei Jungs, denn mit Mädchen und ihren Spielen konnte ich immer noch nichts anfangen.
Die Jungs spielten nach klaren Regeln, das gefiel mir. Meistens waren es verschiedene Variationen von Fangen, die wir auf dem Schulhof spielten.
42
Endlich war ich in der großen Pause nicht mehr ausgegrenzt, das machte den Schulalltag viel erträglicher.

Der Kontakt kostete mich manchmal viel Überwindung.
Kann ich auch mal spielen?
Ähh... Ok.
Hoffentlich macht er nichts kaputt...
Mein neuer Game Boy, den ich über alles liebte.
Und der soziale Verhaltenskodex war für mich immer noch nicht zu entschlüsseln.
Tauschst du den Sticker?
Nein.
Und den?
Nein.
Den?
Nein.
Tauschen?
STICKER
Tauschst du denn gar nicht?
Nein, ich sammle nur.
Im Klassenzimmer war ich weiterhin allein, die klaren Spielregeln aus der Pause vermisste ich hier schmerzlich.
Hmpf.
Was hat er denn?
KLATSCH

Als ich dann mit der siebten Klasse aufs Gymnasium kam, eröffnete sich mir eine völlig neue Welt...
...die noch rätselhafter war.
?
BRAVO
TT
TAKE THAT

LION KING
Ich mochte Videospiele, Zeichentrickfilme, Astronomie, Biologie, Kuscheltiere, Comics...
Die anderen Mädchen hingegen interessierten sich schon für Make-up, Kleidung, Shopping, Boybands und lauter anderen Kram, den ich schrecklich langweilig fand.
SALE
Die Mädchen schienen alle viel reifer zu sein, Für sie war ich nichts anderes als ein ewiges Kind.
Mit den Jungs kam ich nun gar nicht mehr in Kontakt. In dieser pubertären Zeit blieben die Geschlechter lieber unter sich.

Die Zeit auf dem Gymnasium war für mich zuerst ein großer Schock. Ich rutschte rapide in den Noten ab. So wurde ich zwar nicht mehr als Streberin beschimpft, verlor aber einen Teil meines Selbstbewusstseins. Leistungen waren für mich sehr wichtig, Fehler hingegen kaum zu verzeihen.

Die Gründe hierfür waren vielfältig, so waren mündliche Leistungen viel wichtiger als in der Grundschule, meist sogar wichtiger als die schriftlichen Leistungen, gerade in den Sprachen. Eine unüberwindbare Hürde für mich.

Bei den schriftlichen Prüfungen hatte ich Probleme mit den Fragestellungen, zu oft interpretierte ich sie falsch.

Das passierte mir zwar auch immer wieder in der Grundschule, aber bei Weitem nicht so häufig. Die Lehrer konnten meine Probleme nicht verstehen, ich verstand sie ja nicht mal selbst. Ich wurde immer unsicherer.

Frustration und Wut machten sich breit. Den Großteil des Schulstoffs verstand ich zwar, aber ich konnte mein Wissen nicht mitteilen. Ich zog mich noch mehr zurück und hatte keinen Spaß mehr am Lernen. Nur die naturwissenschaftlichen Fächer, vor allem Physik und Biologie, die ich auch als Wahlpflichtfächer belegte, machten den Schulalltag angenehmer. Deutsch, Englisch und Französisch wurden zu einer Qual. Nur der Sportunterricht war noch schlimmer.

Zusätzlich steckte ich mitten in der Pubertät, die mir eine Heidenangst machte. Die Hormone leisteten ganze Arbeit, mich vollends zu verwirren und meinen Körper in einen chaotischen Zustand zu bringen. Ich wollte nicht erwachsen werden. Ich wollte Kind bleiben, meine eigene Welt behalten, die das Einzige war, was mir Sicherheit gab und in die ich mich zurückziehen konnte, wenn ich neue Energie brauchte.

Also zog ich weite Kleidung an, um meinen Körper und seine Merkmale zu verstecken. Meistens sah ich aus wie ein Junge.

Und ich behielt meine alten Gewohnheiten und Dinge, die ich liebte.

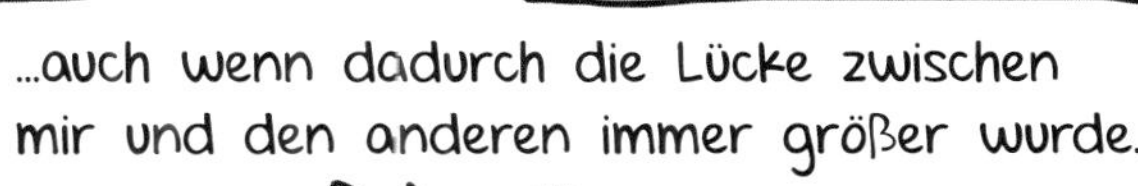

Ich brauchte diese Strategie auch dringend, um mich gegen das Chaos in der Schule zu wappnen...

...auch wenn dadurch die Lücke zwischen mir und den anderen immer größer wurde.

Neben den Hormonen ist auch das Gehirn während der Pubertät in heller Aufregung, es findet ein riesiger Umbauprozess statt.

Under Construction

Milliarden von Zellen und Kontaktstellen werden eliminiert und bis zu 30.000 unbenötigte Nervenverbindungen gekappt.

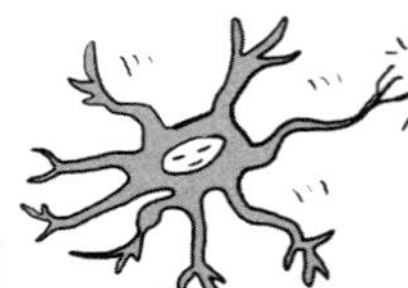

Da bei autistischen Menschen der Stoffwechsel des Kleinhirns verändert ist, kann die Verwandlung dieses Teils des Gehirns in dieser Zeit besonders spannend sein.

Noch bis über das 20. Lebensjahr hinaus reift das Gehirn heran. In diesem Prozess machen sich viele unterschiedliche Veränderungen bemerkbar.

Diese Verwandlungen verängstigten und verunsicherten mich aber auch. Was geschah mit mir und was würde ich am Ende sein?

Während dieser Phase beobachtete ich die Mitschülerinnen und Mitschüler um mich herum noch viel genauer. Ich studierte sie regelrecht. Wie nahmen sie Kontakt auf, worüber sprachen sie, wie funktionierte das alles eigentlich? Und warum fiel es ihnen so leicht?

Es war ein Wechselbad der Gefühle. Einerseits wurde mir mein Anderssein noch schmerzlicher bewusst, aber auch der Wunsch nach Freundschaft wurde stärker. Anders als in meiner Grundschulzeit, in der ich mir eher jemanden wünschte, der oder die mich beschützen kann, wollte ich nun einen tatsächlichen Kontakt.

Ich begann, mich zu verstellen, zu schauspielern, mich zu verkleiden.

Ich legte mir ein äußerliches und innerliches NT-Kostüm zu.

Ich begann ein Doppelleben zu führen. Draußen war ich der NT, der so gut wie möglich versuchte, normal zu wirken, was auch immer das hieß und bedeutete.
DING DONG
Hoffentlich mach ich nichts falsch! Gehe ich normal oder wirkt mein Gang komisch? Und was...
Zuhause war ich wieder ICH und lebte mein Leben, wie es mir gut tat.
KLAPP
SPOING
Puuuh.
Ich war eine Superheldin der besonderen Art und niemand wusste von meiner geheimen Identität.

Allerdings kann sich ein Nicht-Autist kaum vorstellen, wie anstrengend diese Schauspielerei ist.
NNNGGGH...
6:00
ZZZ
War ich früher nach der Schule nur sehr erschöpft, musste ich jetzt sofort 1-2 Stunden schlafen, sobald ich nach Hause kam.
So geht es mir auch noch heute, wenn ich vielen Sozialkontakten und/oder Reizen ausgesetzt bin.
Du, ich glaube, die hat Narkolepsie!
H
ZZZ
DONG

Am Anfang waren meine Bemühungen auch nicht wirklich von Erfolg gekrönt. Längere Gespräche ergaben sich nur selten.
Sogar an der Uni gab es noch Situationen, in denen sich mein Gegenüber einfach umdrehte und das Gespräch abbrach.
AUDIMAX
Was hab ich denn jetzt wieder falsch gemacht?
Den Augenkontakt bekam ich auch weiter nicht hin. Wozu auch, man hört und spricht ja nicht mit den Augen. Warum wird so viel Wert darauf gelegt? Mich lenkte es immer nur ab und kostete viel Energie, die ich für das Gespräch brauchte.
Ich lernte vor allem viele Filmzitate auswendig, um scheinbar spontan Sätze von mir zu geben.
Überraschungstest!
Ich bin weit über die Fähigkeit rationalen Denkens hinaus entsetzt.*
*aus Ghostbusters

Ab der Oberstufe waren meine sozialen Fertigkeiten dann aber so weit ausgereift, dass ich tatsächlich die ersten Freundschaften schloss.
LV 16
BING
SOCIAL SKILL +5
YAY! Endlich!
LIFE
BACKPACK
CD
DOUGLAS ADAMS
?
?
Es war noch immer nicht leicht, aber ich interagierte.
Du magst Star Trek?
Ja, du auch?
Und aus einem Freund wurden mehrere...
Nun war ich sogar auf der einen oder anderen Party anzutreffen.
COME AS YOU ARE...

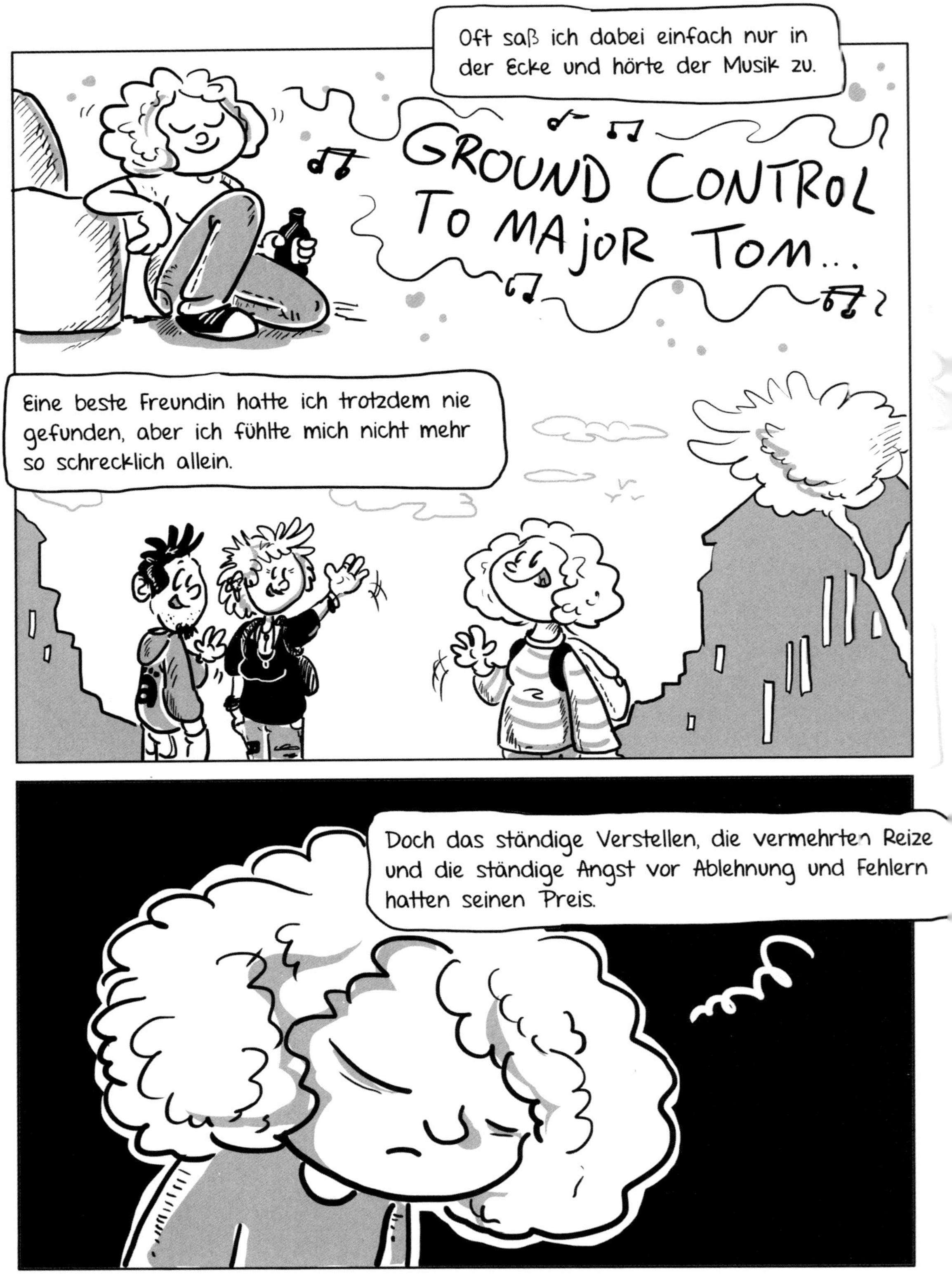

Oft saß ich dabei einfach nur in der Ecke und hörte der Musik zu.

GROUND CONTROL TO MAJOR TOM...

Eine beste Freundin hatte ich trotzdem nie gefunden, aber ich fühlte mich nicht mehr so schrecklich allein.

Die Overloads (Überlastungen) nahmen deutlich zu.
Der Overload kann bei mir durch Reize jeder Art (vor allem aber visuell, akustisch und haptisch) oder durch unbekannte Situationen und starke Angst hervorgerufen werden.
Die Reize strömen nun völlig ungefiltert auf mich ein und ich muss mich stark konzentrieren, um mich überhaupt noch orientieren zu können (ohne Begleitung bin ich aber trotzdem oft gefährdet, gerade im Straßenverkehr). Oft sehe ich verschwommen und habe dazu noch starke Kopfschmerzen und mein Körper fängt an zu zittern, insbesondere die Hände.
Ich versuche, mich dann automatisch den Reizen zu entziehen und werde abweisender oder wirke abwesend. Für viele eine Gemütsänderung, die nicht unbedingt verständlich, aber noch akzeptabel ist.
Hey, Erde an Dani!
HALLO!
Wenn ich Glück habe, ist ein dunkler, ruhiger Raum in der Nähe, in den ich mich zurückziehen kann.
Je nach Energielevel und Intensität des Overloads kann ich mich erholen oder finde mich in einer der nächsten Phasen wieder.
Meltdown
Overload
Shutdown
BLÖÖK

Der Meltdown, eine Art Kernschmelze im Gehirn, tritt dann ein, wenn ich mich vom Overload nicht erholen, der Situation aber auch nicht entfliehen kann und mein Energievorrat bei Null angelangt ist.
In dieser Phase werde ich bissig, teilweise aggressiv und bin extrem reizbar.
RAARRR
Ich versuche wirklich alles, um mir Menschen vom Leib zu halten und benehme mich richtig daneben.
Zum Glück kommen Meltdowns bei mir nur sehr selten vor – und wenn sie eintreten, werde ich nie physisch übergriffig.
Wer aber auf die Idee kommen sollte, mich in dieser Phase umarmen oder berühren zu wollen, versucht es sicher kein zweites Mal.
Meistens verbringe ich dann die nächsten Tage damit, mich tausendfach bei den Leidtragenden zu entschuldigen.
Es tut mir so leid, tut mir so leid, so leid...

Der Shutdown (Abschalten) ist ein völliger Rückzug in meinen Körper, der fast immer durch einen Overload ausgelöst wird.
Lebt sie noch?
Sie ist so still...
Jetzt lasst sie doch einfach mal in Ruhe!
Ich verkrieche mich in einen dunklen Raum, unter eine Decke oder verstecke meinen Kopf unterm Arm. Ich bin nicht mehr da. Reagiere kaum oder gar nicht mehr.
Oft neige ich in dieser Phase zu sich wiederholenden Bewegungen wie Arm streicheln, Brust klopfen, Kopf schütteln usw.
Dabei fühle ich mich wie eine Schildkröte, mein Körper und meine Wahrnehmung sind stark verlangsamt.
Teenage-Mutant-Autistic-Turtle
Nicht selten werde ich in dieser Phase völlig stumm (Mutismus), so sehr ich mich auch anstrenge, ich kann nicht mehr reden.
Mit Handzeichen kann ich ein paar Signale aussenden, aber selbst das fällt mir schwer.
STOP

Egal, ob Overload, Meltdown oder Shutdown... nach einem solchen Zustand muss ich mich erholen. Körper und Geist sind völlig erschöpft. Besonders nach einem Shutdown kann es Tage dauern, um wieder auf ein normales Level zurückzukommen.
ZZZZZ
Ich musste lernen, wo meine Grenzen liegen, um nicht ständig in einen Ausnahmezustand zu gelangen. Das ist nicht immer einfach und auch heute verschätze ich mich noch häufig.
SURRRRR
FRAU HEMPEL BITTE AN KASSE ZWEI
SALE
Du, ich kann nicht mehr. Ich muss schnell nach Hause...
Aber wir sind doch grade erst gekommen....
Dazu kommt noch die Sorge, dass andere diese Grenzen nicht verstehen, und man gezwungen wird, so zu wirken wie alle anderen. Schließlich kann Autismus niemand auf Anhieb sehen. Oder nachvollziehen.
Reiß dich zusammen!
Nun stell dich nicht so an, das schaffen andere auch!
Ich mag auch keine Menschenmengen und fahre trotzdem mit der U-Bahn!
Gibt es dafür keine Medikamente?
Vermeidung ist das falsche Verhalten!
Du bist doch nur ein Nerd, du wirkst auf mich gar nicht autistisch! Du übertreibst doch!

Ich habe lange gebraucht, um zu verstehen, dass ich meine Stärken ausspielen muss und auf diese auch ruhig stolz sein kann.
Autistinnen und Autisten sind in Vielem ein Ass!
A
ASS
∞
Und davon gibt es viele!
Hohe Detailwahrnehmung
Zuverlässigkeit
Loyalität
Exaktheit
Logisches und rationales Denken
Hohes Wahrnehmungsvermögen
Vorliebe für Systematik und Struktur
Ausgeprägter Gerechtigkeitssinn
Hang zu autodidaktischem Lernen
Gutes Gedächtnis
Ehrlichkeit
Hohe Motivation, besonders bei Spezialinteressen
Gleichzeitig musste ich aber auch meine Schwächen akzeptieren, zu ihnen stehen und lernen, mit ihnen umzugehen.
Kannst du mir beim Reden nicht in die Augen schauen? Und warum die Sonnenbrille? Ist doch gar nicht zu hell!
Deal with it!
Beides leichter gesagt als getan, keine Frage! Das merke ich jeden Tag aufs Neue!

Aber das ist keine Einbahnstraße. Ohne Verständnis und Aufklärung wird das Ganze zu einem ziemlich kräftezehrenden Hindernislauf.

Du bist Autistin?

Kann ich dich Rain Woman nennen?

Hast du eine Superfähigkeit?

Ja, nein und nein. Aber ich erklär's dir, wenn du magst.

Auch die Medien sind gefragt, die leider viel zu oft den Begriff Autismus sinnentfremden oder Klischees vertiefen.

Sein politischer Autismus kostete ihn letztlich das Amt.

WTF?

Autismus ist keine Modediagnose, das Asperger-Syndrom kein „leichter Autismus" und wir sind keine spezielle Form von Nerds. All das ist verharmlosend und abwertend und zeigt, wie wenig die Gesellschaft über das autistische Spektrum informiert ist. Es gibt wesentlich mehr Facetten als das schaukelnde, zurückgezogene Kind und den kontaktscheuen Programmierspezialisten. Klar, natürlich sind Schubladen einfacher. Aber wann ist der einfache Weg schon der richtige?

Gleichzeitig ist es auch wichtig zu wissen, dass Autismus keine Krankheit ist, sondern eine Entwicklungsstörung. Es kann durchaus eine Schwerbehinderung darstellen. Die ist aber von Einzelfall zu Einzelfall verschieden. Kein Autist und keine Autistin gleicht dem oder der anderen, auch wenn es Gemeinsamkeiten gibt. Nicht umsonst wird von einem Spektrum gesprochen. Hier geht es bunt und vielfältig zu!

Und natürlich sind wir weder kalt, emotions- oder empathielos! Was für ein Quatsch!
Ich z.B. zeige nur meine Emotionen meist nicht so überschwänglich oder auf eine andere Art und Weise, als erwartet wird.
Du weinst ja gar nicht! Du musst auf Omis Beerdigung doch weinen!
Ich bin ja traurig, aber ich kann nicht weinen. Sie ist endlich erlöst, nach den vielen Monaten im Koma. Irgendwie bin ich eher erleichtert.
Nur weil man etwas nicht sieht, heißt es nicht, dass es nicht da ist.
Manchmal werden auch einfach Rituale von meinem Gegenüber verlangt, die ich nicht im richtigen Moment abspiele.
Buuuh, der Arsch hat mich verlassen!
Oh, äh...
Wollen wir eine Runde Mario Kart spielen?
Schnüff, ich würd mich lieber betrinken und über den Kerl lästern...
Hm, wir können auch bei Mario Kart trinken, aber ganz wie du willst!
War nicht bös gemeint... Videospiele heitern mich immer auf...

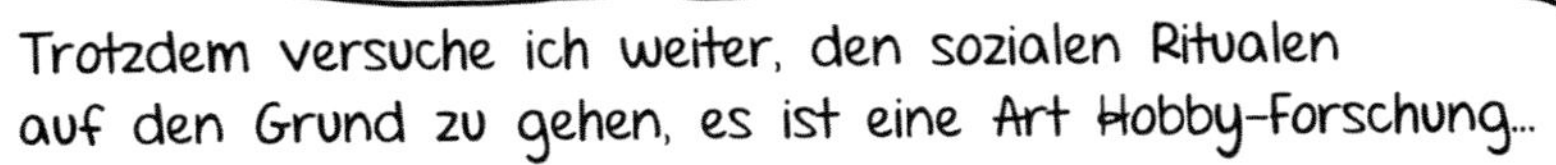
Trotzdem versuche ich weiter, den sozialen Ritualen auf den Grund zu gehen, es ist eine Art Hobby-Forschung...

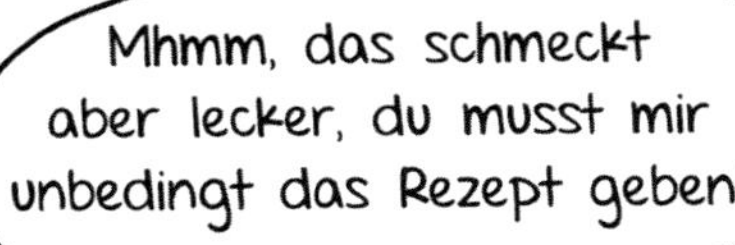
Mhmm, das schmeckt aber lecker, du musst mir unbedingt das Rezept geben!
Klar, gerne!

Mampf
Hey, sie hat das Rezept ja liegen lassen, ich hab es doch extra für sie aufgeschrieben...

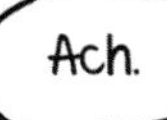
Wow, gibst du mir das Rezept? Ich mein das ernst!
Äh, wie solltest du es denn sonst meinen?
Oh, na das ist normalerweise nur eine Höflichkeitsfloskel. Ein Kompliment, das Rezept ist unwichtig. Wusstest du das nicht?
Ach.

HAPPY BI DAY!

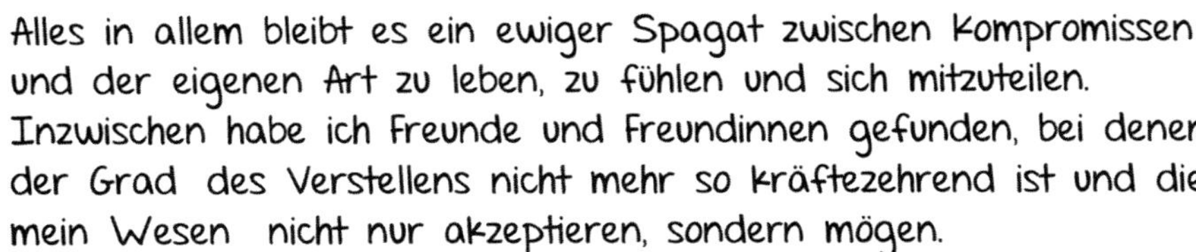
Alles in allem bleibt es ein ewiger Spagat zwischen Kompromissen und der eigenen Art zu leben, zu fühlen und sich mitzuteilen. Inzwischen habe ich Freunde und Freundinnen gefunden, bei denen der Grad des Verstellens nicht mehr so kräftezehrend ist und die mein Wesen nicht nur akzeptieren, sondern mögen.

Ach, du schaust auch nicht gern in die Augen, oder? Ich auch nicht!

Puh, du glaubst nicht, wie schön es ist, das zu hören!

Ich musste aber auch akzeptieren, dass ich nicht alles alleine schaffen kann bzw. muss. Nach Hilfe fragen ist in Ordnung, selbst wenn es anscheinend banale Dinge sind.
Kannst du mich zum Supermarkt begleiten?
Ich schaffe das heute nicht alleine.
Kein Problem!
Das braucht manchmal Überwindung, aber es ist wesentlich besser, als ständig Ausreden zu erfinden oder einen weiteren Overload zu riskieren.
Hey Dani, wollen wir am WE bei mir kochen?
Hmm... Kannst du mich abholen und wieder absetzen?
Klar!
Tipp Tipp
So werden soziale Interaktionen ein Stück stressfreier.
Lust auf einen Film nach dem Essen?
VOTE FOR PEDRO
Au ja!
Auszeiten sind aber genauso wichtig, in denen ich mich meinen Spezialinteressen widme, ganz für mich allein.

Autismus ist eine Art zu sein.
Wir nehmen die Welt auf eine besondere Weise wahr und gehen mit ihr zum Teil anders um. Manchmal benötigen wir dabei Hilfe und Unterstützung, manchmal auch einfach nur Verständnis, Rücksicht und ein offenes Ohr.

Wir leben nicht in einer anderen Welt, sondern in dieser. Und wir passen uns auch meist so gut es geht an. Allerdings hat der eine oder andere von uns dabei das Gefühl, aus einer anderen Welt zu stammen, in der u.a. die Reize nicht ganz so erdrückend sind.

Ihr habt garantiert schon einige Autistinnen und Autisten in eurem Leben getroffen, ohne euch dessen bewusst gewesen zu sein. Wir leben unter euch, ganz ohne Superfähigkeiten, die Savantqualitäten haben.

Wir sind nicht krank. Autismus ist keine Krankheit. Aber nur weil man unsere Schwierigkeiten nicht sehen kann, bedeutet das nicht, dass wir nicht mit ihnen zu kämpfen haben. Der eine mehr, der andere weniger.

In diesem Comic habt ihr nun meinen Autismus kennengelernt. Aber vergesst bitte nicht: Es gibt nicht DEN Autisten oder DIE Autistin. Wir sind alle anders!
Aber wir alle möchten Gleichberechtigung, Respekt und Verständnis!
Logisch, oder?
Ein Bekannter sagte mal zu mir: Autism: It's not a bug, it's a feature!

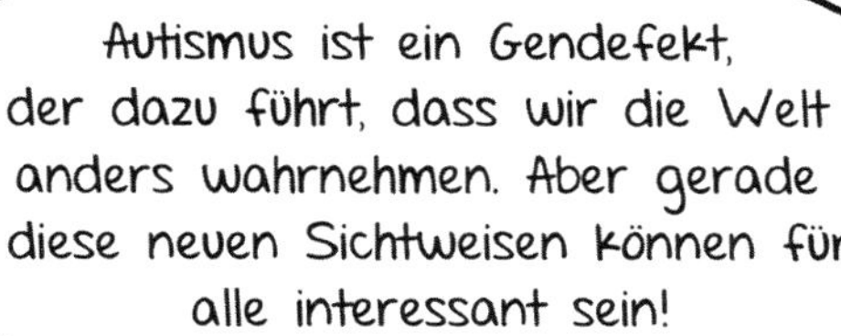
Autismus ist ein Gendefekt, der dazu führt, dass wir die Welt anders wahrnehmen. Aber gerade diese neuen Sichtweisen können für alle interessant sein!

Also hört uns zu! Wie oft haben schließlich schon Menschen, die um die Ecke denken, unser Wissen revolutioniert?

Und bitte vergesst
Rain Man!

Lest lieber direkt im
Internet nach, was Autistinnen
und Autisten bewegt und
wie sie leben!

Inzwischen gibt es unzählige
Bücher, Blogs und Foren, in
denen sie über ihren
Blickwinkel berichten.

Viel Spaß dabei und bleibt
schön neugierig! Ahoi!

ENDE

Nachwort

Gegenwärtig befinden sich internationale Klassifikationssysteme für die Verschlüsselung von Diagnosen in der Veränderung. Diese neuen Klassifikationen (DSM-V, ICD-11) unterscheiden nicht mehr kategorial zwischen Subtypen wie frühkindlichem Autismus, atypischem Autismus oder eben Asperger-Autismus. Anstelle dieser verschiedenen Abstufungen wird nun von einer kontinuierlich definierten Autismus-Spektrum-Störung – kurz ASS – gesprochen. Begründet wird dies unter anderem auch dadurch, dass die Trennschärfe zwischen den verschiedenen Diagnosen nur schwer einzuhalten ist und Autismus eher auf einem fließenden Übergang zwischen den verschiedenen Ausprägungen dieser Entwicklungsstörung beruht, die sich alle innerhalb des autistischen Spektrums befinden.

Aus diesem Grund wurden die aktuellen Nachdrucke von „Schattenspringer" leicht überarbeitet, um – soweit möglich – das gesamte Spektrum ansprechen zu können, denn das Spektrum ist bunt und vielseitig. Oder wie von Daniela im Comic zitiert:

„It's not a bug, it's a feature!"